山崎啓支 著
サノマリナ 作画

# マンガでやさしくわかる NLPコミュニケーション

日本…

# はじめに

ＮＬＰとは、アメリカで開発された実践的な心理学で、一般のビジネスパーソンはもちろんのこと、子育てに悩む主婦の方、教育、セラピー、スポーツなど、さまざまな分野に携わる方々が能力開発やコミュニケーションの問題解決に役立てています。

ＮＬＰの特徴のひとつに、即効性があります。私の講座を受講した方の中にもご自身が短期間で変化を遂げたことに驚かれた方が数多くいらっしゃいました。

その方々が、ぜひその経験をシェアしたいと、ビジネス上の課題や人間関係に悩みを抱える家族や知人達にＮＬＰを勧めたという話もよく耳にします。

しかしながら、勧めるにも勧められるにも、いきなりのセミナーへの参加は敷居が高く、本を読むのも苦手だ、と言う方も多かったようです。そんな方々にとってマンガのストーリーとともにわかりやすくＮＬＰを紹介した前著『マンガでやさしくわかるＮＬＰ』は、ＮＬＰの魅力を身近に感じていただくきっかけとなったようです。高校生や大学生の読者からも一気に読み進めることができたという感想が寄せられました。このように、これまで以上に広い範囲の方々に受け入れられたことは望外の喜びでした。

これらの成果を踏まえ、本書ではテーマをコミュニケーションに絞り、ビジュアルとポイント解説で習得できるよう工夫しました。前作同様、マンガのストーリーによって、理論がわかるだけでなく、現場でのＮＬＰの使い方のイメージが具体的に学べるようになりました。

今回の舞台は、スーパーマーケットです。主人公の日吉《ひよし》杏里《あんり》がコミュニケーションに課題を抱えながらも、それらをＮＬＰのスキルを使って克服し、赤字店舗を立て直していくというストーリーです。

ＮＬＰは体験して初めて理解できる要素が強いので、誰もが共通して抱えている課題を盛り込んで、マンガの主人公に感情移入しながら疑似体験できるよう工夫しました。ですから、主人公の杏里が課題を乗り越えていく度に、それを追う皆さんにもＮＬＰの使い方のエッセンスが知らず知らずのうちに身につくような構成となっています。

単にわかりやすいだけでなく、実用的で役立つ本を作りたいという思いから、内容に関しては一切の妥協をせず、これぞＮＬＰというコミュニケーションスキルを可能な限り盛り込みました。

特に、「自分の思いを伝えることが難しい理由」を根本的に理解できるようにし、その上で伝える力の質を高めるコツを随所にちりばめています。

「自分が言いたいことを大切な人やクライアントに深く受け取ってもらうコツ」「上司に

提案を通すコツ」「部下や生徒にモティベーション高く指示を遂行してもらうコツ」など実践的な手法を使えるようになっていただけるよう、表面的なテクニックだけでなくその根底にある原理原則にまで踏み込んで解説しました。

また、昨今ビジネス環境が複雑さを増す中、ストレスを抱えているビジネスパーソンが多いことが社会問題にもなっていますから、「部下の悩みを解決するコミュニケーション法」と「自分の悩みを克服する自己対話法」にもたくさんのページを割きました。

見た目は親しみやすさを装っていますが、本書はけっして薄っぺらな内容ではありません。いい意味で皆さんを裏切る実用的なＮＬＰ入門書となりました。

本書に掲載したコミュニケーション法を習得して、ぜひ、伝える力と問題解決力を高めてほしいと思います。

２０１３年１月

山崎啓支

# マンガでやさしくわかる NLPコミュニケーション 目次

# Part 2

## ミスコミュニケーションを防ぐには？

## Part 3

# コミュニケーションのための言葉の使い方

# Part 4

# 八方ふさがりの頭の中を解きほぐす発想法

# Part 5

# 相手の無意識に働きかける方法

# Prologue

# NLPとは？

まずはじめに、NLPとは何か？
頭の中にあるプログラムとは何か？ を
ざっくりと学びます。

私
日吉杏里《ひよしあんり》
杏里、スーパーの社長になる!?
Story 0
一流大学を卒業し
大手アパレル
メーカー勤務
ビッグ
プロジェクトを
任されている
A・W
流行の最先端で
ビジネスをする
という夢を叶えた
このまま成功を
積み重ねて
ゆくゆくは会社の
トップに昇りつめる…
…はずだった
ブーッ
ブーッ
母
mobile
応答

ガタッ
ええっ父ちゃんが倒れた!?
ちょっと待って今から会議だから
ひそ
あとにしてもらえない?どうせ大したことないんでしょ
ひそ
父ちゃんもう長くないかも…
えっ
あの元気だった父ちゃんが…
う…うそでしょ
仕事を理由にずっと家に帰らなかった…
ナデ
もしもし杏里
私まだ親孝行してないよ!!
日吉さんっ
会議っ…!!

ハァ…
ハァ…
コー
コー
父ちゃん…
ううう…
生死の境で杏里の名前をずっと呼んでいたわよ
そんな…
ううぅ
父ちゃんしっかりして!
杏里
杏里なのか…?

これまで何もしてあげられなくてごめんね
死ぬ前にひとつだけ心残りがあるんだ…
はしっ
何？
何でも言って
一代で築き上げたうちのスーパー「グッドデイズ」を継いでほしかった
そんな心配しなくていいよ
お店は私に任せて
父ちゃんは自分の体のことだけを考えて！
本当だな？
ニヤ
ガバッ
はっはっは
ええ 杏里 お店を頼んだわよ
え
母ちゃんしっかり聞いたな!?
ツヤッ
跡取り問題解決だ！
祝杯をあげるぞ！
は？
えっって.
え？
何？

GOOD DAYS
会計
…ということで今日から先代に代わって社長に就任された日吉杏里社長です
これまでは一流会社で辣腕《らつわん》を振るってらっしゃったんですよ
ムスッ
みなさん一緒に頑張っていきましょう!
拍手
パチパチ…
パチ
パチ
ほら もっと元気良く
どうしてこんなことに…

ちょっとどういうこと!?
ギャー
病気ってうそなの!?
ギャー
うそじゃないぎっくり腰だ
たくっ私帰る!
くるっ
最近 近くに外資系のスーパーができてな…
ボソ…
へ
こんな体では対抗することなどできんし そんなアイデアもない
このままだとうちのスーパーは潰れる
でも何もせずに潰すなんてうちのスーパーを頼ってくれるお客様に申し訳なくてな…
騙したのは悪かった
しかしこうでもしないとおまえは帰ってきてくれないだろ
いじ…
さっきの言葉はうそだったのか?
お店は私に任せて
うﾞ
くそ…
おやじの三文芝居にやられた…
早まったかな…
それじゃあ社長 ひと言

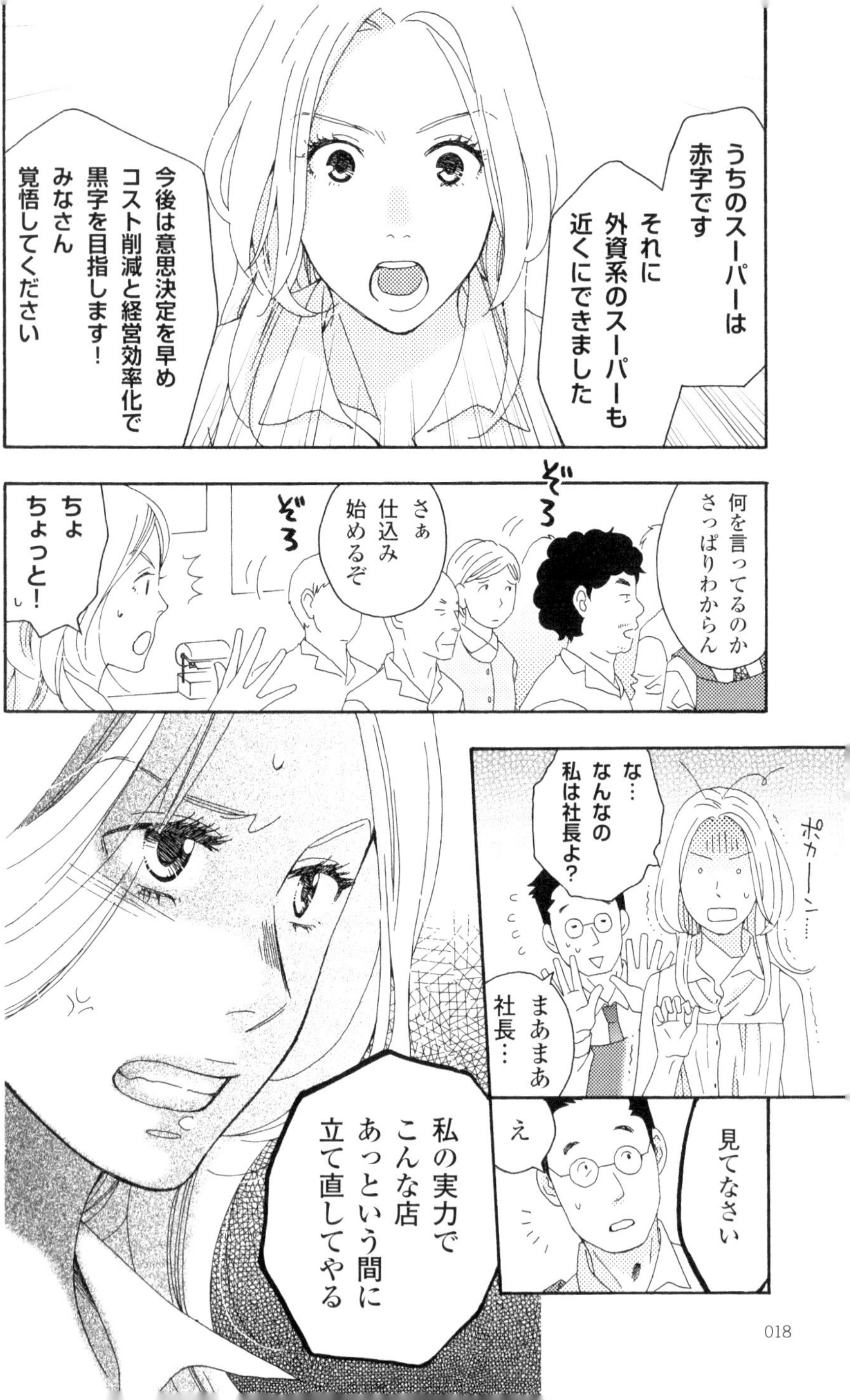
うちのスーパーは赤字です
それに外資系のスーパーも近くにできました
今後は意思決定を早めコスト削減と経営効率化で黒字を目指します！みなさん覚悟してください
ぞろ
何を言ってるのかさっぱりわからん
ぞろ
さぁ仕込み始めるぞ
ちょちょっと！
ポカーン……
な…なんなの私は社長よ？
まあまあ社長…
見てなさい
え
私の実力でこんな店あっという間に立て直してやる

1週間後
GOOD DAYS
なんなの
この店…
よろ…
従業員は全然 言うこと聞かないし
ちょっと聞いてますって…
素人が口出すんじゃねぇ
NOMOPRIX
外資系スーパーの集客力ハンパないし
クレームも山のようにくるし
これ古いんですけどー
すみませんっっ
もうやだ 全然思ったとおりにいかない…
事務室
ガチャ…
うまくいかないのはコミュニケーションの問題だよ
え!?
ビクッ

こんにちは 今日からこのお店のコンサルティングをさせてもらう
新妻政宗です よろしく
コンサルタント？
あれ お父様から聞いてないですか？
あ
優秀なコンサルタントを雇ったから安心せい
私一人で大丈夫よ
伺ってました
でもコンサルなら間に合ってます
まぁ そう言わないでください
一緒にNLPでグッドデイズを盛り上げていきましょう！
NLP？

日本では「神経言語プログラミング」と訳されるものです
N…Neuro《ニューロ》（五感）
L…Linguistic《リンギスティック》（言葉）
P…Programming《プログラミング》（プログラム）
発祥の地アメリカでは「脳の取り扱い説明書」と言われているんですよ
それがスーパー経営と何か関係あるんですか？
NLPとは言語学と心理学を効果的に組み合わせた実践手法のことで
ビジネスの質を飛躍的に向上させることができるんです！
NLPを使うことであなたもこのスーパーも大きく変われるんですよ！
GOOD DAYS
……
グッドデイズはともかくなんで私が変わらないといけないのよ
じ…
？

# コミュニケーションに効くNLPって？

# 01

## 3人の天才セラピストの言葉使いの法則化から始まった

「これまでのやり方」が店員達に全く通じず苦戦する杏里に、コンサルタントの新妻はNLPを勧めます。このNLPとは一体どのようなものでしょうか？

NLPとはNeuro《ニューロ》（神経）Linguistic《リンギスティック》（言語）Programming《プログラミング》（プログラミング）の頭文字を重ねたもので、言語学と心理学を効果的に組み合わせた実践手法です。1970年代にアメリカでリチャード・バンドラーとジョン・グリンダーによって開発されました。

NLPは、おもにその当時傑出していると言われていた3人のセラピストのミルトン・エリクソン、バージニア・サティア、フリッツ・パールズを徹底的に研究することで開発されました。彼らは、通常のセラピストが何年もかけても改善できなかったクライアントの症状をわずか2時間のセッションで劇的に改善するなど、極めて卓越したセラピーを実践していました。ただし、彼ら自身も、自分達がなぜ効果的なセラピーができるのかを理解できているわけではありませんでした。

バンドラーとグリンダーは、彼ら３人のセラピーをつぶさに観察し、彼らと同じレベルのセラピーができるようになるまで徹底的に模倣（モデリング）しました。その上で、彼らのセラピーのどの部分が卓越した成果を作り出しているのかを吟味し、それを誰にでも実践可能なモデルとしたのです。ですから、初期のＮＬＰは、おもにセラピスト達にとって有効な技法を提供するものでした。

## ⇩各分野で応用されるＮＬＰ

その後、バンドラーとグリンダーをはじめとする数多くのＮＬＰの研究者がＮＬＰを発展させていきました。現在ではセラピーだけでなく、ビジネス・教育・スポーツ・芸術とあらゆる分野で実践可能な能力開発体系となっています。

特にこの本では、コミュニケーションをテーマにＮＬＰを紹介します。短時間で大きな変化を作り出した３人の天才セラピストの卓越した言葉の使い方のエッセンスを日常で使えるよう紹介します。「ミスコミュニケーションを防ぐ方法」「問題解決のためのコミュニケーション法」「ネガティブな状態から脱する自己対話法」「信頼関係を強化する方法」「部下のやる気を引き出す法」など、コミュニケーションにおいて誰もがつまずく課題を解決する糸口を提供します。

## 脳内プログラムを書き換えて人生の質を高める 02

### 「神経」「言語」「プログラミング」はそれぞれ何を意味するのか？

ＮＬＰの「Ｎ」にあたるNeuro《ニューロ》（神経）とは平たく言えば「五感」を意味します。この「五感」は「体験」を意味します。例えば、ハンバーグを食べるという体験は、ハンバーグの味（味覚）と匂い（嗅覚）とおいしそうなハンバーグの映像（視覚）とハンバーグがジューと焼ける音（聴覚）と、ハンバーグを口に含んだ時に感じる温かい温度（身体感覚）から成り立っているのがわかるでしょう。

「Ｌ」にあたる「Linguistic《リンギスティック》（言語）」はその名のとおり「言葉」を意味します。

最後の「Ｐ」の「Programming《プログラミング》」は基本的にコンピュータなどのプログラミングと同じ意味になります。ＮＬＰでは無意識（潜在意識）レベルに人間を動かすプログラムがあると考えます。

コンピュータプログラムの特徴として「入力（刺激）」と「結果（反応）」が決まったパターンとなっている点が挙げられます。銀行のＡＴＭなど、自分の口座番号を入力すると必ず自分の口座の預金残高が画面に映し出されます。同様に、人間の中にも特定の入力に対して決まった反応を作り出すプログラムがあるのです。わかりやすい例として、「恐怖症」が挙げられます。犬にかまれて恐怖症になった人は、犬を見かける度に、足がすくみ逃げ出したいという衝動に駆られます。これは、意識的に決定することではなく自動的（無意識的）に身体が反応するものです。

## ⇩「体験」と「言葉」がプログラムを作り、プログラムを起動させる

NLPでは、この「N＝五感＝体験」と「L＝言葉」が「P＝プログラム」を作ると考えます。犬恐怖症は「犬にかまれる」という体験（五感）によってできます。このような「強烈な体験」は一瞬にしてプログラムを作ります。また、言葉もプログラムを作ります。例えば、食事を残す度に母親に叱られたら（繰り返し言葉で注意される）、「出された食べ物は残さず食べなければならない」という価値観を持つようになるでしょう。強くこの価値観を持つと、お腹がいっぱいになっても食事を平らげないと気が済まないので、ダイエットできません。また、他人が食事を残すのを見ると怒りを覚えるかもしれません。このように、繰り返し「言葉」を聞くことによってもプログラムができるのです。ちなみに「価値観」も生まれつきのものではなく、後天的に身につけるプログラムです。プログラ

ムは誰の中にもあり、全て「①インパクト（強烈な体験）」と「②繰り返し（回数）」によってできたものです。

犬恐怖症プログラムは犬を見たり、犬がほえるのを聞くことによって発動します。つまり「視覚」や「聴覚」など「五感情報」がプログラムを発動させるのです。

また、「出された食べ物は残さず食べなければならない」という価値観（プログラム）を持つ親は、子供が「もうお腹いっぱい、残したい」と言うと、その言葉に反応してカチンとくるでしょう。このように、「体験」と「言葉」によってプログラムができますが、それを起動させるのも「体験」と「言葉」です。

もちろん、プログラムの中には豊かな感情を喚起するものもあります。楽観的な人間と悲観的な人間の違いはプログラムの違いです。ＮＬＰはネガティブなプログラムを書き換えたり、幸せになるために必要なプログラムをインストールする手法を提供します。

前著の『マンガでやさしくわかるＮＬＰ』では、おもに体験を通したプログラム作りの方法をお伝えしました。この本では、言葉が人間に与える影響を解説しながら、言葉を使った「問題解決の方法」や「信頼関係を作る方法」などに焦点を当てています。

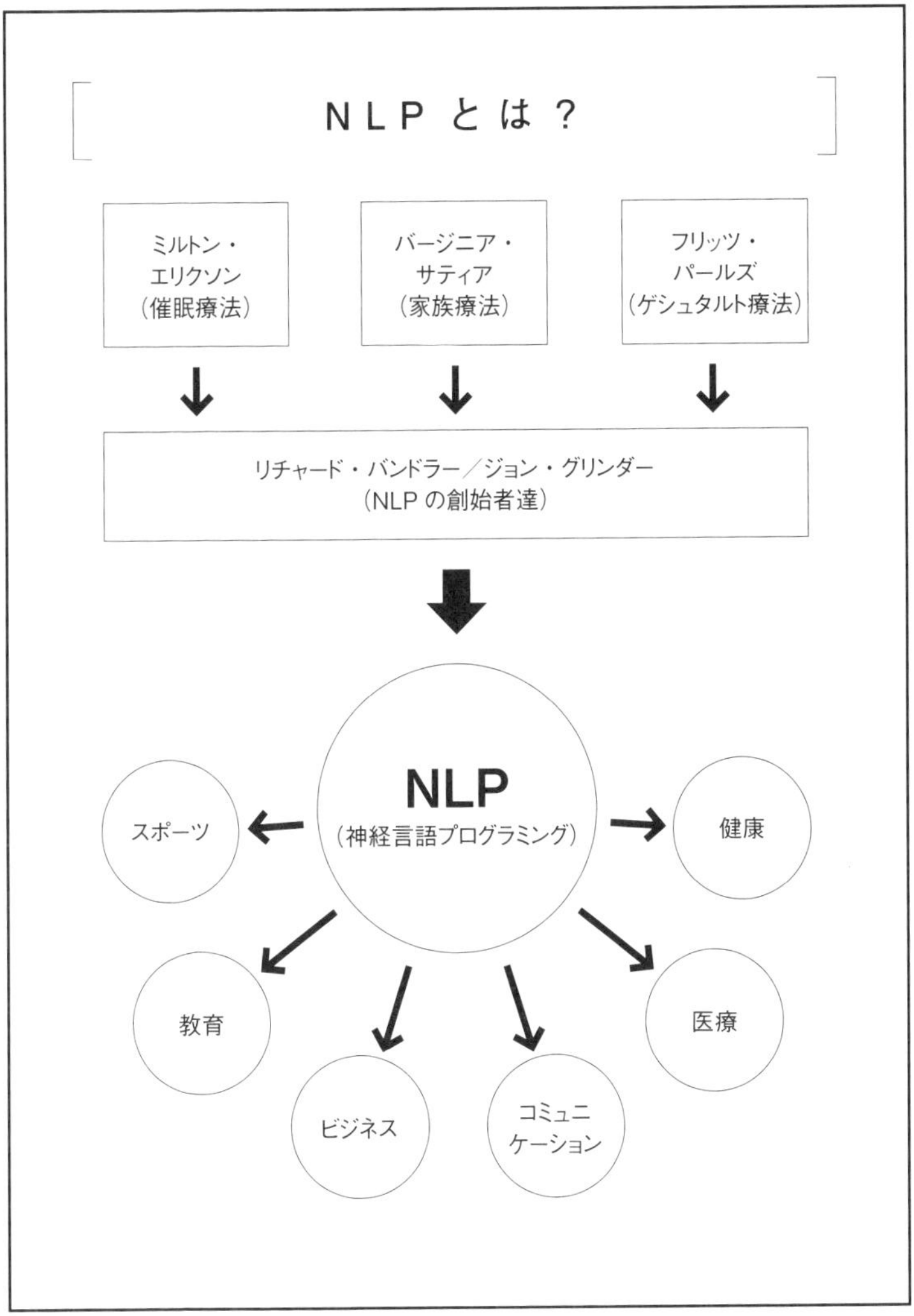
NLPとは？
ミルトン・
エリクソン
（催眠療法）
バージニア・
サティア
（家族療法）
フリッツ・
パールズ
（ゲシュタルト療法）
リチャード・バンドラー／ジョン・グリンダー
（NLPの創始者達）
NLP
（神経言語プログラミング）
スポーツ
健康
教育
医療
ビジネス
コミュニ
ケーション

Column 1

# プログラムを作る目的は？

プロローグでは犬恐怖症の例などで、人間は体験と言葉によってプログラムを作っていくとお伝えしましたが、それらすべて無意識（潜在意識）のレベルにあります。簡単に言えば意識は自分で自由に使うことができる意志で、無意識はまだ自由に使うことができていない人間の潜在力と考えることができます。

幼い頃に階段から落ちると高所恐怖症になります。その場合、高所恐怖症になろうと自分で意識的に決めるのではなく、高い所から落ちて痛みを感じたその瞬間に自動的に（無意識的に）高い所が怖いと認識する自分になるのです。そんな自分になりたくてなったのではなく、なってしまうのです。このように、プログラムは意識的に作るものではなく、無意識が作るものなのです。私達が生きづらさを感じるのは、偶然にできたネガティブなプログラムが原因である場合が大半です。

では、無意識は何のためにプログラムを作るのでしょう？

その目的は安全・安心の確保です。無意識の本質は本能で、生存欲求と考えることができます。それは１日でも長く生きながらえようとする欲求です。そして、生存欲求は「痛み」を避けることと「快」を求めることにより満たされます。「痛み」は肉体的な痛みと精神的な痛み（ストレス）を指します。これらは危険な状態で、これらを体験した時にそれを避けるプログラムを作るのです。高所恐怖症になると高い所を避けるようになるので守られることになりますね。一方「快」を感じている時は、脳内に免疫機能を高めるホルモンが分泌されるので、長生きすることとなります。よって、心地良いことがあったら、繰り返しそれを体験したくなるようになるのです。

# Part 1

# コミュニケーションとは？

私達は、普段の生活で気軽に
「コミュニケーション」という言葉を使います。
しかし、そもそもコミュニケーションとは
どんなものでしょうか？ ここでは、その仕組みを学びます。

私の言葉はなぜ通じないの?
Story 1
とにかく
NLPだかなんだか知りませんが私にはコンサルなんか必要ありません!
わかりました では 今日は ひとつだけ
組織内のトラブルの90%以上はミスコミュニケーションによって起こります
組織内トラブルの原因
ミスコミュニケーション
90%
?
それでは失礼します
パタン
私には私のやり方があるの!
他人からとやかく言われたくないわ…!

ちょっと何これっ!
どっさり…
どうしてこんなに廃棄処分が出るんですか!?
あわわ
コストを考えて売り切れるように発注してくださいよ!
…
廃棄
そんな神業できるかよ
ボソ…
え?
ガラガラガラ
はいはいがんばります
…
ごちゃ…
あなた陳列が乱れてるわよ!
お店はディスプレイが大事なのよ!
すぐに整理して!
用品・清掃用品

は…
はいっ
まったく
……
おろ…
タッ
カツッ
ごちゃあ…
…
どうして
まだ整理
できてないの!?
!
ビクッ
お買得
キャベツ
1玉78円
すみません
特売の準備が
あったんです
お買得
トマト
1個
6
だったら
そう
言いなさい
私はすぐに
整理してって
言ったのよ
は…
はい…
……

みなさん どうして私の言うことを 聞かないんですか！
このままお店が 潰れて困るのは あなた達でしょ！
もっとしっかり やってください！
以上です！
はぁ やっと 終わった
！
よくしゃべるね あの社長
ガヤ
ガヤ
そんなに 言うなら 自分でやって みろって…
できねぇことは できねぇしな…
憂さ晴らしに 一杯行こうぜ！
おっ いいねぇ！
あははは…
何 この人 達…
全然 伝わってない じゃない
！

組織内のトラブルの90%以上はミスコミュニケーションによって起こります
このままじゃ誰も私の言うことを聞いてくれない…
今月も赤字…
立て直しどころか本当に潰れちゃう…
ご連絡ありがとうございます！
……
一緒にこのスーパーを再建しましょう！
背に腹は代えられない
よろしくお願いします

なんかお疲れのようですね
大丈夫です
それより NLPを学べば売り上げが上がるんでしょうね
……
もちろんです
この前 組織内のトラブルの90％以上はミスコミュニケーションによって起こるって言いましたよね
ええ
ミスコミュニケーションは社長の考え方を少し変えるだけで防げるのです
はあ!?
どうして私が変わらないといけないのよ
ガタッ

あなたは今 店員の方々とコミュニケーションがとれていると思いますか？
ドキッ
え
頼んだことができてなかったりしませんか？
棚が整理されてないわよ
特売の準備があったんです
売り切れるように発注してください
はいはいがんばります
何を怒ってたの？
落ち込むことはありませんよ誰もがそうなのです
べ…別に落ち込んでなんかいません
ズズン
彼らとは住む世界が違いますから
私はこれまで大手アパレルメーカーの最前線で働いていたんです
彼らより志高く仕事をしていたんです
彼らにはわからないんです…
！

そのとおりです！
人は言葉を体験に基づいて発しています！
つまり言葉の受け取り方に違いがあるのは当然のことなんです！
…？
何のことですか…？
そうですね例えば日吉さんは故郷《ふるさと》と聞いて何を思い浮かべるか？
あぁ…
故郷ですか…
そうですね…母の実家の周りの景色かな
大きくて雄大な川が流れていて四季折々に山が色づく牧歌的な風景ですね

なるほど
素敵な所ですね
情景が目に浮かびます
私の故郷は
ニューヨークの
摩天楼なんです
ニューヨーク!?
でも私の故郷とは若干違いますね
え
私は子供の頃ずっと海外に住んでいたんです
何者なんだこの人…
同じ故郷でもかたや牧歌的な風景でかたやニューヨークの摩天楼
二人が持っていた故郷のイメージは全然違ったわけです
まてんろう～
うさぎ追ったよな～
?
うさぎ?
つまり共通の言葉でもミスコミュニケーションが起こるのです
これは日常に溢れています
故郷

話し手の伝えたい体験と
話し手言葉
体験
受け手言葉
空白
聞き手の理解に齟齬《そご》が生じていることを前提として理解しておかないといけません！
な…なるほど
くしくも先ほど日吉さんがおっしゃった働いてきた環境が違うとは まさにそのことなんですね！
私はこれまで大手アパレルメーカーの最前線で働いていたんです
彼らにはわからないんです…
言われるまで考えもしなかった…
ははは…そっか
私の言葉が通じないわけだ…
……

もう少し詳しく説明しますと言葉で伝える時にミスコミュニケーションが起こる3大原因があります
省略
歪曲
一般化
省略 歪曲《わいきょく》 一般化です
例えば日吉さんの故郷の良さをお話ししていただく場合 どれくらいの時間が必要ですか？
まぁ… 2、3分あれば十分ですが…
ということは故郷で過ごした体験をたった2、3分に省略することができますね
しかもそれはあなたというフィルターを通して歪曲されて私に伝わります
言葉
省略
歪曲
体験
これが省略と
歪曲です！

それに一般化とは極端な思い込みです
例えばA店の商品は 他より安いと信じているとします
しかしそれはある商品に限ってのことかもしれません
A店は安い！
タマゴ ¥160
スーパー A店
だが過去の体験からA店が安いと思い込みがあれば
真実でなくてもA店は安いと一般化してしまうのです
A店
A店
A店
タマゴ ¥150
¥180
A店
B店
なるほどミスコミュニケーションが起こる原理はわかりました
だったら…
！
どうやってそれを防ぐんですか？
私に変われと言いましたよね？どう変われと言うんですか？
ニコ…
ミスコミュニケーションを防ぐのは難しいことではありません
え

省略・歪曲《わいきょく》・一般化された情報を取り戻す質問をするんです
省略
歪曲
一般化
話し手が本当に伝えたかった体験と聞き手が受け取った内容をすり合わせるだけ
あなたにとって故郷とは？
ちなみに出身はどちらですか？
幼い頃ニューヨークに住んでいました
だったら故郷のイメージが違うかもしれませんね
そうすればコミュニケーションに正確さを取り戻すことができますよ
…
実はこの前
父ちゃんに

グッドデイズを理想のスーパーにしてくれよ
杏里 お前ならきっとできる
…って言われたんです
あの時は売り上げを上げることが理想のスーパーだと思っていました…
ただ 今思うと父ちゃんの言う理想のスーパーが本当にそうなのか…
だったら質問してみたらいいさ！
ミスコミュニケーションのままではお父さんが望むスーパーにはならないよ！
…はい

中央病院
あ〜ん
！
杏里
あらあら
どうした
そんな所に
突っ立って
なんだこのふたり…
……
？
じっ…
聞きたいことがあるんだけど…
父ちゃんの思い描いている理想のスーパーって何？

なんだいきなり
あははは
売り上げが高い店のことだよね？
それは店側の都合だろ…お客様のことを考えてみろ
え
わしにとっての理想のスーパーは…
青果・乳製品
地域のスーパーとしてお客様が家に帰ってきたようなホッとする店のことだ

……
そう…
実の父親ですらコミュニケーションできていない…
ギュ
お客様のためのスーパーか…
私はお店の売り上げのことしか考えていなかった…
今のままじゃ理想のスーパーは作れない…！
わかった
ん？それだけか？
……
どうだい新妻さん
シャッ

うちの娘はモノになりそうかい？
もちろんです
ただ今日お伝えしたＮＬＰはまだ基本です
これからお教えすることをいかに実践できるかにかかっています

# 空白の原則・焦点化の原則

# 01

この章ではコミュニケーションを行う際に、自分の「思い」がどのように言葉となり、また発した言葉が相手にどのように受け取られるのか、そのプロセスを紹介します。言語は脳の中で作り出され、脳の中で理解されますので、まずはコミュニケーションに役立つ脳の基本的な原則を紹介します。それは、**空白の原則と焦点化の原則**の2つです※。

## ⇩脳は空白を埋めようとする（空白の原則）

まず、「空白の原則」について解説します。ここにある「空白」とは、「わからないこと」を指します。この原則は、脳は「空白」、つまり「わからないこと」があった場合、自動的に持てる力を総動員してそれを埋める（理解する）ようになっている、ということです。

28頁のコラムでお伝えしたように、人間は安全・安心を求めており、そもそも脳内プログラムは安全・安心を確保する目的で作られています。コミュニケーション上達の最大のポイントもまた安全・安心の提供なのです。脳は安全だと感じた相手に心を開く（ラポー

※これらは著者が脳機能を研究した上で原則としたもので一般的にＮＬＰで教えられていることではありません。

ルを築く）傾向があるからです。では、脳が考える安全・安心を得るための重要な基準は何でしょうか？

ズバリ、「よくわかっているかどうか？」なのです。

例えば、毎日行っているローテーションの仕事で緊張することはありません。何がポイントで何を気をつければ良いかがよくわかっているからです。また、何度も旅行したことのある馴染み場所に旅行して緊張することはありません。一方、新しい部署に異動すると勝手がわからず緊張しますし、日本とは風習が異なる国へ出かけると多くの人は身構えます。つまり、脳は「よくわかっている＝安全」「よくわからない＝危険」とみなすのです。その結果として、脳は「よくわかっている」という状態を作るよう必死に「内部の情報」と「外部の情報」を集めることになります。「内部の情報」は過去の記憶ということになり、「外部の情報」は今ここに存在する五感で感知される情報ということになります。

もしあなたが長くパソコンを使っているなら膨大な情報がハードディスクに保存されているでしょう。同様にあなたの中にも生まれてからの膨大な記憶が情報として保存されているのです。これが「内部の情報（記憶）」です。この章で詳しく紹介しますが、人間が何かを理解する際、その大半は「内部の情報（記憶）」に頼っているのです。

新しい環境に身を置くことになった場合などは、「空白＝わからないこと」が多いということになります。したがって、脳はこれら「内部の情報」と「外部の情報」を検索しそれを理解しようとしてフル回転するのです。早く理解し、安心したいからです。

この本を手にとった方は人間関係に課題を抱えているケースが多いのではないでしょうか？　この場合も、「人間関係の課題」は問題が解決されていない状態で、空白が埋まっていない状態（どうすれば良いかがわからない状態）を意味します。このような空白がある時に、それを埋めてくれる外部の情報（書籍など）に気づいたり、過去の人間関係改善の体験を思い出したりしやすくなるのです。

## ⇩人間は関心があることしか見えていない（焦点化の原則）

次に「焦点化の原則」です。人間の中には、意識（顕在意識）・無意識（潜在意識）があると言われています。無意識はスーパーコンピュータのようなもので複数の対象を同時に捉えることができます。いっぽう、意識は性能が劣るため、基本的にひとつのことにしか焦点を当てられません。例えば、本を読みながら人の話を聞くと混乱します。私は、学生の頃、授業中に部活のことや自分の内面などについて思いを廻らせていると、先生が話していることがわからなくなることが多々ありました。先生の言葉は物理的には聞こえているはずですが、理解できないのです。このように、焦点はどこかひとつに当てるとそれ以外の情報は「省略」されているのです。

「焦点化」とそれによる「省略」の傾向は、私達の日常生活に大きな影響を与えています。例えば私達が世界を見る時に、目につく情報は同じではありません。ＩＴ関係の人でしたら、ＩＴ関係の企業のＰＲ用の看板をいたる所に見つけますが、その他の業界の人は全く気づくことができません。関心が薄いからです。

新聞を読む時に目に飛び込んでくる情報も同様です。私は、学生時代に就職活動をしている時には、寝ても覚めても就職のことを考えていたので、朝起きてボーっと新聞を読んでいるだけでも求人情報や就職に役立つ情報を瞬時に見つけることができました。情報の方が目に飛び込んでくるような感覚でした。ところが、現在も毎朝、新聞を読んでいますが、就職関係の情報が目につくことはありません。当時と同様に掲載されているはずですが。

このように、意識はひとつのことしか感知しにくいので、世界をシンプル（単純）なものとして捉えたがるのです。その傾向が様々な思い込みを作り出し、ミスコミュニケーションなどの原因ともなるのです。

# 使い勝手のいい「地図」とは？

# 02

## 使い勝手のいい地図は「省略」されている

知らない土地に出かける際に地図を使うことがありますね。初めて訪れる場所で地図がないと非常に不便な思いをすることになります。

さて、それでは、使い勝手が良く、実用的な地図とはどんなものでしょう？

持ち歩きを考慮するなら、ひとつにはコンパクトであるという点が挙げられます。しかし、コンパクトにすればするほど、実際のその土地（現地）にある多くの情報を省略しなければなりません。その土地には無数の情報がありますが、それを忠実に表現すればするほど複雑で目的地を探すのに手間がかかるものになるからです。例えば「現地」には、青々と茂った草木など色彩や明るさなどがあり、川の流れなど動きがあるかもしれませんが、地図にはそれらが省略されているからこそ使い勝手がいいのです。

## 実際の情報を歪めているからこそ実用的

球形の地球儀と平面の地図を思い浮かべてください。地球儀の方が平面の地図よりも地球の形を正確に表現しています。ただ、日常で役立つのはコンパクトに折りたためる地図の方でしょう。本来の形を忠実に表現しているのは地球儀の方であり、地図は球体を平面に歪めたもの（歪曲《わいきょく》したもの）だと言えます。このように、日常での使い勝手という観点では、正確な情報より、歪曲された（ゆがめられた）情報の方が役立つことがあるのです。

実際の土地、つまり「現地」は立体で質感があります。そこは五感情報が満ちていて躍動的とも言えます。「視覚情報（色や大きさなど）」「聴覚情報（虫の音や川のせせらぎの音など）」「身体感覚情報（足で感じる地面の感触など）」などがあるでしょう。

この膨大な情報が「現地」であり、そこには完全な情報があります。完全であるがゆえに豊かなのですが、同時に複雑すぎて誰かに説明したりするには適していません。したがって「現地」の情報に、あえて省略や歪曲を加えて、地図化することによって、初めて使い勝手の良い道具として役立てることができるのです。

# 相手の話を理解する脳内プロセス

# 03

## 「現地」の地図化がもたらす弊害

不動産屋で間取りと周辺地図を見て気に入った物件を、実際に見学に行ったら全く期待外れだった――。みなさんはそんな経験はありませんか？　私も同じような経験があります。間取り、周辺環境、外観どれを取っても、地図や写真で見て想像したものよりもかなり見劣りするもので、がっかりした覚えがあります。

このように、私達は地図を見て、それが現実のように感じることがありますが、現地の情報は全く異なる場合があります。

**実は、私達が行っているコミュニケーションにおいても「現地」の地図化が行われているのです。**これを理解することはミスコミュニケーションを防ぐという観点で極めて重要なことですので、順を追って解説します。

## ⇩コミュニケーションにおいて相手の話を理解するプロセス

コミュニケーションにおける「現地」の地図化について、私達が会話の際に相手が話す言葉をどのように受け取っているかを明らかにすることから始めます。まずは、以下の私の体験談をできる限り理解できるようじっくり読んでください。

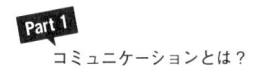

12月の初旬のある日、私はあるホテルに宿泊することになりました。タクシーでエントランスに着くと、きちっとした制服を着たボーイさんが丁重に迎えてくれました。12月初旬ということもあり美しいクリスマスツリーが飾られていました。また、この時期特有の美しいイルミネーションが灯されていました。部屋は高層階にあり、窓の外には東京の夜景が一面に広がっていました。空気が澄んだ冬の夜景はすばらしく、夜遅かったこともあり空調の音だけが静かに聞こえていました。そして、座り心地の良いソファにゆったりと腰をかけて幻想的な夜景を眺めていると、身体からほどよく力が抜けていくのが感じられました。

私はコミュニケーションセミナーを行う際に冒頭で、しばしばこんな簡単な体験談を話すことから始めます。それには２つの目的があります。ひとつは「人間が誰かの話を聞いて、どのように理解していくか」そのプロセスを明らかにするためです。もうひとつの目的は、Ｐａｒｔ５で解説しています。

## ⇩人間が話や文書を理解する土台は過去の体験

この「ホテル宿泊の体験談」をお話しした後に、セミナー参加者に「私の話を聞きながらなんらかの映像が頭に浮かんだ方は手を挙げてください」と質問しました。するとほぼ全員の手が挙がりました。

次に、「では私（山崎）が話しながら頭の中で描いた光景（映像）と同じものが見えたという方は手を挙げてくださいと」質問したところ、今度は誰も手が挙がりません。

そこで、「皆さんは私（山崎）の話を聞きながら、どんな映像を見ていたのでしょう？」と尋ねると、それぞれが宿泊したことのあるホテルや、自分が見たことのあるクリスマスツリーや夜景を思い浮かべていたことがわかります。

ここで明らかになるのは、私達が誰かの話を理解する際に、過去の体験（記憶）につなげて理解しているということです。つまり、左頁の図にあるように**私達が何かを理解する際の土台は過去の体験**だということです。

## 話し手の言葉を受け手が理解するプロセス

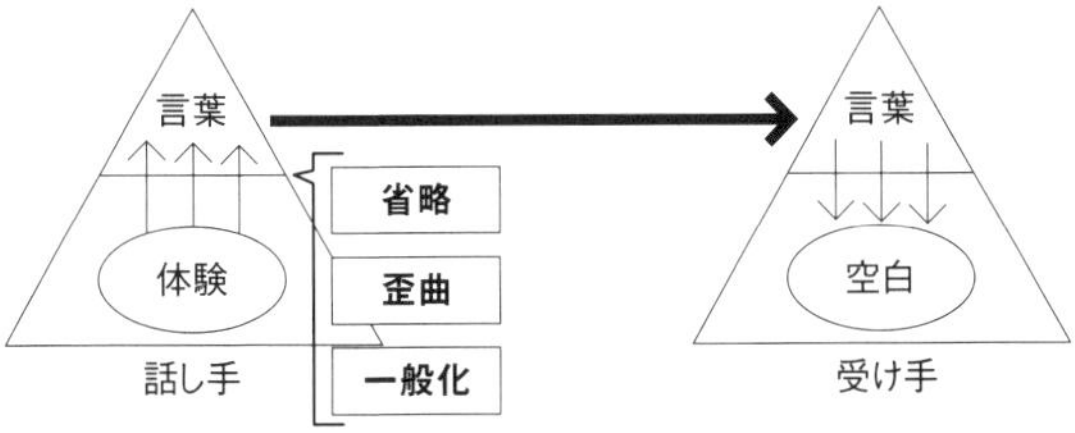


→話し手は、自分の体験を言葉に翻訳して受け手（聞き手）に伝えている。
→体験が言葉に翻訳されるプロセスで省略・歪曲・一般化が起こる。

→受け手は、話し手が話した言葉を過去の体験につなげて理解している。(空白を、受け手の「過去の体験＝記憶」で埋めている)

**省略**

体験という現実から、体験を表す記号である言葉に翻訳されるプロセスで大部分の情報が漏れること。

**歪曲**

ものごとをありのままに見るのではなく、個人的な価値観などが作り出すフィルターを通して、自分なりのものの見方でとらえること。その際に、純粋な体験がゆがめられて理解されることになる。

**一般化**

あるものごとが一切の例外を認められず同じ意味を持つこと。

# 言葉によるコミュニケーションの本質

# 04

## 体験を言葉に翻訳することの本質

さて、ホテルに宿泊した体験談の続きです。セミナーでこの体験談を話している際に私の脳内で起こっていることを解説します。

まず、私自身がそのホテルに宿泊した時の体験を思い出しています。この体験を話している時に、私の頭の中には宿泊したホテルの五感情報（＝体験）があるのです。プロローグですでに体験と五感はイコールの関係になるとお伝えしていますね。

ホテルに宿泊した体験の五感情報とは「ホテルに関する**視覚情報**（クリスマスツリー・美しいイルミネーション・高層階からの夜景など）」、「空調の**音**（**聴覚情報**）」、「身体からほどよく力が抜けていくのが**感じられた**（**身体感覚情報**）」などです。

私が目の前の受講生にホテルに宿泊した体験を伝えるということは、これらの五感情報（＝体験）を言葉を使って描写しているということになります。つまり57頁の図にあるように、**頭の中にある映像などの五感情報を言葉に翻訳して伝えている**ということになるのです。

ホテルに宿泊した一連の体験は少なくとも30分以上の時間に及んでいました。しかし、これを言葉で説明すると２分もあれば十分でしょう。ここで、体験が言葉になるプロセスは、「現地」が「地図」になるプロセスと同じになることがわかります。つまり省略と歪《わい》曲《きょく》が起こるのです（実際には一般化という３つめのプロセスも加わりますが、この章ではわかりやすく説明するために省略と歪曲のみを使っています）。

30分以上の体験が２分で説明されているわけですから、多くの情報が省略されています。地図はシンプルだからこそ使い勝手が良いとお伝えしたように、言語化するということは体験を端的に伝えるのに適しています。もし、情報の省略なしに説明されたとしたらひどく冗長で退屈なコミュニケーションとなってしまうでしょう。

また、歪曲も入っています。そもそも私は夜景が好きなので、夜景やイルミネーションなどの描写が中心で、身体から力が抜けたのも、まるで夜景の力のように説明されています。しかし、夜景に興味が無い人が同じホテルに宿泊したなら、全く違った描写の仕方になっていたでしょう。その部屋に通して下さったスタッフの気配りや笑顔や、部屋の調度品や内装のすばらしさの方が印象に残る人もいるでしょう。同じ体験をしても、個人の価値観など好みによって捉え方は大きく変わるのです。これは、同じ事実でも１００人いれば100とおりの解釈があるということを意味します。いつでも各人のフィルター（好み）によって極端な意味づけ（歪曲《わいきょく》）がなされているのです。

　このように、体験（完全な情報）が言葉に翻訳されるプロセスで省略と歪曲が起こり、シンプルで不完全な表現へ変わるのです。ただし言葉による表現は情報が省略されてシンプルになっているからこそ効率的に相手と意思疎通できるというメリットがあります。

　省略・歪曲・一般化自体に良い・悪いがあるわけではないのです。

## ⇩「話し手」の言葉を聞いた「受け手」の脳内で起こること

　次にホテル宿泊の体験談を聞いた受講生（受け手）の中で起こったことを解説します。57頁の図にあるように、私（話し手）がホテル宿泊の体験談を言葉で伝えた時に、受講生（受け手）は、言葉だけを聞いて「空白」を持つことになります。これは意識では捉えられないくらい極めて短い時間ですが。そして、空白の原則のページで解説したとおり、「脳は空白ができるとそれを埋めようとする」のです。この事例の場合、この空白は各受講生の過去の体験（記憶）で埋められることになります。

　私が宿泊したホテルの名前を出していないので、これを聞いた人達は、おもにかつて宿泊したホテルの記憶を通して私の話を理解することとなります。実際、この体験談を聞いた方々に、どんな夜景をイメージしたのかを尋ねると、東京タワーが見えたと言う人もいれば、神戸の夜景を思い出したと言う人もいました。このように同じ話をしても、空白を埋めるためにそれぞれがアクセスする記憶は全く違ったものになるのです。

そして、**このプロセスは無意識的に行われます**。ホテルからの夜景の話を聞いた人が、意識的に夜景を思い出すように努力しているわけではなく、勝手にその記憶とつながってしまうということです。55頁の「ホテル宿泊の体験談」を読んだ時に、自動的に（無意識的に）きれいな夜景などが頭の中に浮かんだと言う人もいるでしょう。

すでに紹介したとおり、脳は「わからないという状態」を恐れているので、瞬時に空白を埋めて理解するために必要な記憶とつながるのです。

ここで、私が伝えたかった私の頭の中にある「ホテル宿泊の体験」のイメージと、受講生が私の言葉を聞いて、それを理解しようと過去の体験につなげてイメージした「ホテル宿泊の体験」には隔たりができるのです。特に両者が持つイメージの質感は大きく違ってきます。

# ミスコミュニケーションが起きる理由

# 05

## ⇩言葉は文字どおり伝わっているが……

私が伝えたかった「ホテル宿泊の体験」のイメージと、受講生が理解した「ホテル宿泊の体験」は質感が大きく異なるとお伝えしました。クリスマスツリーも自分の背丈より低いものをイメージした人から20メートル以上もあるようなものを思い浮かべた人までいます。私がゆったりと腰かけたソファは一人掛けのものでしたが、多くの人は二人掛けのものをイメージしていました。私はお酒を飲まないのですが、お酒好きな人は、ワインを傾けながら夜景を楽しんでいる映像が見えていたようです。

このように、話し手は受け手に頭の中にあるイメージ（五感情報）を言葉で伝えているのですが、イメージどおりに受け手に伝わるのではなく、受け手の過去の体験にちなんだ質感のイメージにゆがめられてしまうのです。**言葉によるコミュニケーションではいつでもこのようなことが起こっているのです。**

この本を読まれている方の大半は日本語をよく理解できているでしょう。ですからホテル宿泊の体験談がわからなかったという方はいないはずです。実際、言葉はまさに文字どおりに（正確に）伝わっているのです。しかし肝心な、話者が伝えたい内容は、受け手の体験によって歪曲されたイメージとして伝わっているのです。これがミスコミュニケーションの原因です。

## ⇩基本的な単語の意味でさえ過去の体験によって質感が大きく異なる

ここまでの説明で、私達は会話や読書において言葉を理解する際に、無意識に過去の体験に結びつけて理解しているということが理解できたでしょう。日本酒を飲んだことが無い子供が、日本酒という言葉を聞いてもそのおいしさ、飲んだ時の楽しさがわからないように、言葉の理解は過去の体験が土台となっているのです。

乾燥した砂漠があるアフリカの大地にある山には木がありません。ですから、彼らが山という言葉を聞いた時にイメージするのは禿山です。水資源が豊かな日本の山は木が生い茂っており、私達が山という言葉を聞いたら緑色が見えるのではないでしょうか。このように、**私達は基本的な単語の理解の仕方ですら育った環境や体験に根差しており、人によって全く質感（イメージ）が違うのです。**

「仕事」という言葉のイメージも人それぞれです。特に社会人になって初めて勤めた会社の仕事の基準が、個人的な仕事の基準となって、ミスコミュニケーションを起こすことが多いのです。私の場合、初めて勤めた会社がハードな環境で休日もほとんどなく夜中終電まで働いていたので、次に勤めた会社で気軽に有給休暇の申請をした同僚に嫌悪感を感じました。しかし、一方の彼は逆に私の働きぶりに異常なものを感じていたようです。

　このように**日常で頻繁に使う基本的な言葉（単語）ですら、各人の頭の中にある意味の質感は大きく異なるため、ごく基本的な会話でもミスコミュニケーションを引き起こす可能性があるのです**。基本的な単語の意味はどの国語辞典を引いても、その語義解説に大きな違いはないでしょう。その結果、私達は言葉の語義のレベルでは共通の認識を持てるのです。ですから、話し手と受け手が、ある単語の国語辞典の語義を暗記すれば、語義のレベルでは共通の認識を持つことができます。しかし、その語義に結びつけたイメージ（五感情報＝体験）の質感は大きく異なる可能性があるのです。

　方針を徹底させるために、経営理念の重要性を教え込んだり、行動指針を朝礼などで毎日唱和させる会社もあるでしょう。私が勤めてきた会社もこれらを大切にしてきましたが、今から考えると各人の頭の中での理解が同じだったのかは疑問です。

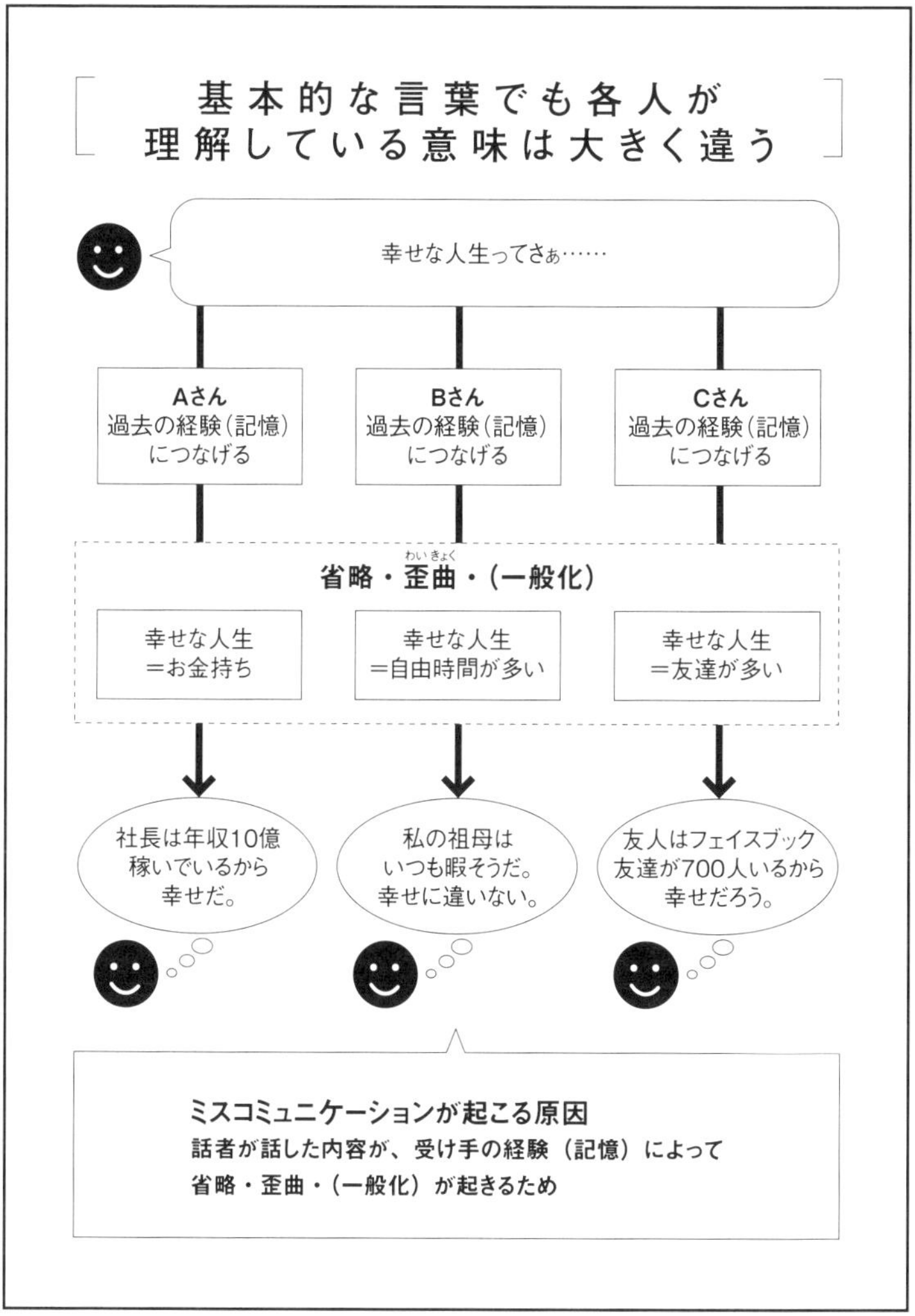
基本的な言葉でも各人が
理解している意味は大きく違う
幸せな人生ってさぁ……
Aさん
過去の経験（記憶）
につなげる
Bさん
過去の経験（記憶）
につなげる
Cさん
過去の経験（記憶）
につなげる
省略・歪曲《わいきょく》・（一般化）
幸せな人生
＝お金持ち
幸せな人生
＝自由時間が多い
幸せな人生
＝友達が多い
社長は年収10億
稼いでいるから
幸せだ。
私の祖母は
いつも暇そうだ。
幸せに違いない。
友人はフェイスブック
友達が700人いるから
幸せだろう。
ミスコミュニケーションが起こる原因
話者が話した内容が、受け手の経験（記憶）によって
省略・歪曲・（一般化）が起きるため

Column 2

# 意識・無意識の特徴

ここでは、意識と無意識の特徴を簡潔にまとめておきます。まずは、右の図をご覧ください。

| | | | | |
|---|---|---|---|---|
| 意識 | ＝ | 思考（頭） | ＝ | 言葉 |
| 無意識 | ＝ | 身体 | ＝ | 感覚 |

※この図は著者のオリジナルで、NLPで一般的に紹介されているものではありません。

意識は思考と関係があります。また、私達が何かを考える時（思考する時）に言葉を使います。日本人は日本語でアメリカ人はおもに英語で考えます。そういう意味で、思考は言葉を身につけるプロセスで身につけたものとなります。ある意味、言葉を知らない幼児は考えることができないのです。一方無意識は、身体感覚的なものです。例えば、犬恐怖症になった人は、頭（意識）では、小さな犬は安全だと考える（思考）ことができます。しかし、理屈抜きに怖いものは怖いのです。それは頭で考えるというより身体で感じるものです。

プログラムは無意識レベルにあると書きましたが、犬恐怖症のようなプログラムは身体感覚をとおして起動をするのです。「頭の中の考え＝意識」と「身体的な欲求＝無意識」が相反する場合、ほとんどの場合、無意識的な欲求が優先されます。なぜなら、多くの能力開発書に書かれているとおり、無意識の方が圧倒的にパワフルだからです。

「ダイエットしたいけどたくさん食べてしまう」「早寝早起きしたいけどギリギリまで寝てしまう」など、私達は「わかっちゃいるけどやめられない」ことが多いのです。その場合わかっているのは頭（意識）でやめられないのは身体（無意識）です。NLPは無意識をよく理解した上で頭で考えることを実行できる自分になるための手法を提供するものです。

# Part 2

# ミスコミュニケーションを防ぐには？

相手を追い詰めるような質問は質問じゃなく詰問です
質問の形で相手を責めてしまっているんです！
なんかムカつくよね！
！
ガーン

組織のトラブルの約９割は
ミスコミュニケーションが原因だと言われています。
ここではその原因、対策方法を学びます。

GOOD DAY
あなたの
問いかけは
質問？ 詰問《きつもん》？
Story 2
ミスコミュニケーションを防ぐためにちゃんと質問しなくちゃいけないのよね！
ぐっ
理想とするスーパーを目指すには まず私が変わらないと！
バン
ちょっと
どん!!
特売品について聞かせてくれる？

へ？
どどん
どのようにして売ってるの？
どんなPOPなの？
どうしてそのPOPを選んだの？
……
ずいずいっ
は…はぁ
じっ
目立つように黄色のPOPにしましたが…
そうわかったわ！
スタスタ
……
お掃除について聞きたいんだけど
はい
トイレはどうなってるの？
誰とどのくらい時間かけた？
段ボールは？

ふぅ…
質問も楽じゃないわ
これだけちゃんと質問すればミスコミュニケーションは起きないわね！
ヒソヒソ…
！
最近 社長変わったね…
うん
ニヤリ
おお 早速 私の変化に気がついたか！
なんかムカつくよね！
！
ガーン
いろいろ問い詰められて疲れちゃう！
スーパーのこと何も知らないくせに！
私達のことなんて全然 信用してないんでしょ！
ザク
あぁ私達のスーパーはどこに行ったんだろ
ピクピク…
流血。

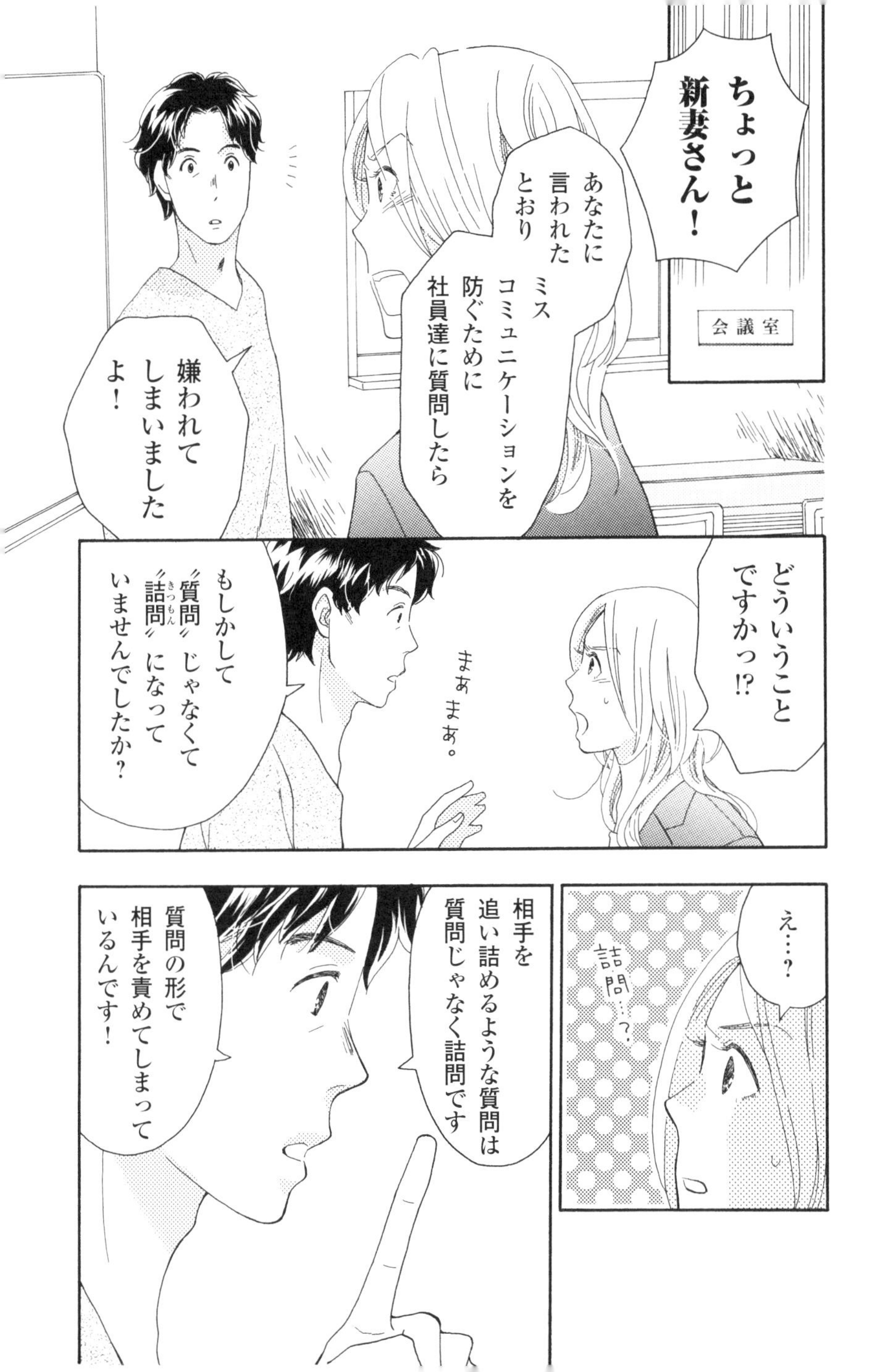

ちょっと新妻さん！
会議室
あなたに言われたとおりミスコミュニケーションを防ぐために社員達に質問したら
嫌われてしまいましたよ！
どういうことですかっ!?
まぁまぁ。
もしかして〝質問〟じゃなくて〝詰問《きつもん》〟になっていませんでしたか？
え…？
詰問…？
相手を追い詰めるような質問は質問じゃなく詰問です
質問の形で相手を責めてしまっているんです！

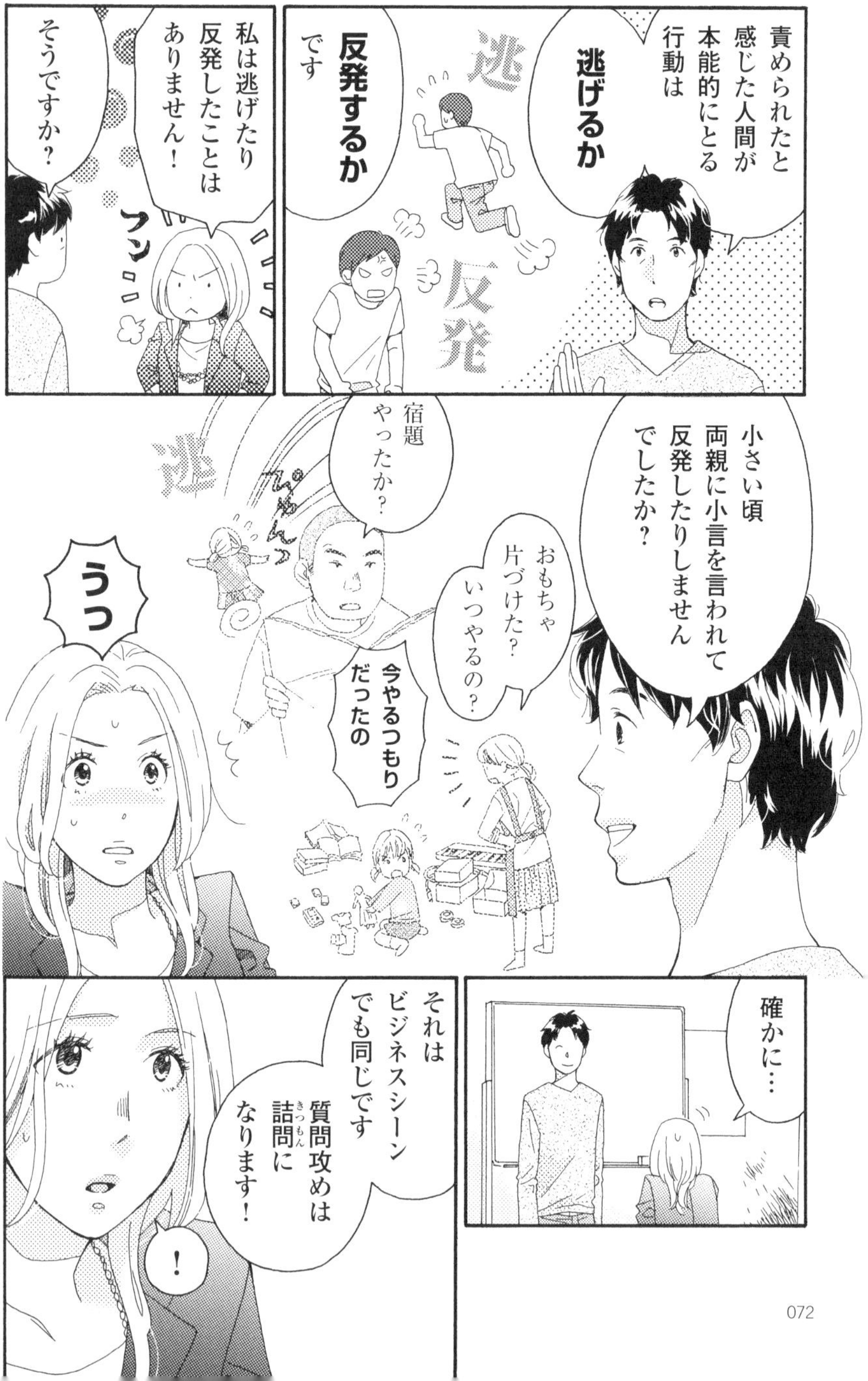
責められたと感じた人間が本能的にとる行動は
**逃げるか**
**反発するか**です
逃
反発
私は逃げたり反発したことはありません!
フン
そうですか?
小さい頃両親に小言を言われて反発したりしませんでしたか?
宿題やったか?
逃
おもちゃ片づけた? いつやるの?
今やるつもりだったの
うっ
確かに…
それはビジネスシーンでも同じです質問攻めは詰問《きつもん》になります!
!

この予算の根拠は？
ん？
人員の確保はどうする？
マーケティングは？
イラ
イラ
おっしゃるとおり
それではあなたの質問はどうでしたか？
どんなPOPなの？
どのようにして売ってるの？
どうしてそのPOPを選んだの？
詰問だったかもしれません…
キュ
責
逃
反発
人は責められると反発したくなりますが
逆に決定権を与えられると言葉を受け入れやすくなります
決定権
キュッ
決定権ですか？
人は元来「安全・安心要求」があります
安全
安心

決定権がないということはコントロールできないということを意味し
つまり無意識に安全でない（危険）と感じます
決定権がない
↓
意思決定ができない
↓
安全でない
う…ん よくわからないなぁ
例えば少し強引ですが…
スッ
このジュースは美味しいです！
飲んだ方がいいに決まってます！
ど—ん
え…
と直接的に言われると本当かな？って否定的になって守りに入ります
確かに…
にこ
ですが
このジュースは美味しいでしょうか？
え…
美味しいかどうか考えます…
と質問されたらどうですか？

そうです 決定権を 委ねられると 安心して 言葉を受け入れ 答えを出せます
おいしい or おいしくない
本当だ
決定権を 渡す相手は 安心安全が 満たされるため 言葉を受け入れられ やすくなります
決定権
安心 安全
なるほど そう質問すれば よかったんですね…
けど もう 遅いかも…
社員やパートの 人達… 私の質問 聞いて くれるかしら…
ムカつく よね!
問い詰められて 疲れちゃう
全然 信用して ないんでしょ!
私… 嫌われちゃった みたいだし…
それなら 短時間で素直に 自分の話を 聞いてもらえるように したらいいんです
!
そんなことが できれば 苦労 しませんよ!
プリフレーム すれば 大丈夫ですよ!
プリフレーム?

プリフレームとは前もってフレーム（視点）を効果的なものに変えることです！
プリフレーム＝前もってフレームをかける
フレーム？
人は誰しもフレーム（視点）を持っていて
そのフレーム（視点）を通して出来事に色をつけています
出来事
例えばスーパーでの「苦情」「苦情」にはどういったイメージがありますか？
苦情
今一番聞きたくない言葉ね…
面倒くさくてできるだけ関わりたくない嫌なできごとです
ギャー
ギャー
日吉さんにとって「苦情」とはネガティブなイメージということですね
苦情＝ネガティブ
誰だってそうでしょ…

そうですか?
「苦情」を会社の誠実さをアピールできるチャンスとポジティブに捉える人もいます!
苦情＝チャンス
もっと良くできる!
「苦情」から新しい商品が生まれたという話もよく聞きます
なんとかならない?
!
発明
しょうゆ
切れやすい
まぁ…そういう人もいますね…
たしかに
出来事自体は無色透明で
出来事
捉える人のフレームによって決定されてしまうのです!
そしてそのフレームを本題に入る前に受け入れやすい形に変えるのがプリフレームです
元のフレーム
プリフレーム
つまり「あなたから質問されるのが嫌だ」というフレームを持っている社員もプリフレームで
嫌

「あなたにもっと質問してもらいたい」というフレームに前もって変えてしまえばいいんです！

もっと質問してぇー!!

ええ！

そうすればどれだけ質問しても嫌われるようなことはありませんよ！

それどころか質問すればするほど信頼関係が深まります！

信頼関係。

ちょっと待ってください…

理屈はわかりますが…

そんなことができるんですか？

大切なのは質問を始める前にどういった理由で質問するのかを伝えることですしかも相手が受け入れたくなるような理由で！

そして決定権を相手に渡す

そうすれば
必ずあなたの質問を
快く受けてくれる
はずです
わ…
わかりました
やってみます…
GOOD DAY
コホン.

ドキドキ
げ
なんですか？特に問題ないですよ？
大切なのは質問を始める前にどういった理由で質問するのかを伝えることです
大森さんいつもありがとうございます！
え
スッ
70円
特売品が売れているのは
大森さんがいつでもきちんと目立つように商品を陳列してくれているからですよね！

本当に感謝
しています！
！
ええ
どうも…
私にはスーパーで
働いた経験がありません
特売品で
もっと集客
できるように
大森さんの
これまでの経験を
参考にしたいんですが
決定権を
相手に渡す
何点か質問して
いいですか？
これまでの
経験の…
質問ですか…
ドキドキ
ドキドキ
ドキ

もちろんです！
なんでも聞いてください！
にこっ
プリフレーム完了…？
へ
え
あ…ありがとうございます！
1週間後
コンコン
カチャ…
こんにちは
新妻さんっ！
新妻さんの言う通りやったらみんな積極的に質問に答えてくれるようになりました！
もうすっかり仲良しです
それはよかった
しっかりプリフレームができたようですね！
おかげでミスコミュニケーションも減りました！
そうですか

実は よりスムーズに コミュニケーションを 取るために必要なものが あるんですよ！
えっ！
それが ラポール ペーシング リーディングです
ラポール ペーシング リーディング
なんですか それは？
向上心
ラポールとは 信頼関係の ことです
ペーシングも リーディングも ラポールを築く ためのものです
先日も 言いましたが 人間は 「安全・安心」を 求めています
安全 安心
心理的に または 空間的に近いと 感じる人や環境に 「安心感」を感じます
安心感
「安心感」を 感じると 心を開き 言葉を受け入れ やすくなります

いますよね
一緒に
いるだけで
心地良い人って
ええ
そのとおり
ペーシングは
その心地良い関係を
築くのに有効なんです！
ペーシングを
ひと言で言うと
相手に合わせる
ということです！
スッ
スッ
合わせる？
ペーシング
ゆっくり話す人には
ゆっくりと
早く話す
人には早く
大きな声の
人には大きく
話し方の
スピードやリズム
そして「価値観」や
「関心事」「ペース
（話すスピード・呼吸）」
なども合わせるんです！

そうやって
ペーシングができると
とても近づき
親近感がわきます
親近感
「息が合う」なんて
言葉は
まさにそうですね
相手にとって
居心地の良い存在
となるでしょう
そういえば
最近みんなと
同じタイミングで
笑ってる…
…
みんなが親近感を
感じてくれて
いるのかな
そしてペーシングが進み
深いラポールが生まれると
リーディングができる
ようになります!
リーディング?
リーディングとは
こちらのペースに対して
相手も合わせて
くれることです
ペーシング
ラポール
リーディング
くすっ
え?
こっちから
合わせる
必要がないって
ことですか?

深いラポールができあがっていれば私=安心 私が言っていること=安心となります
君が言うなら安心だ
ありがとう
私＝安心
私が言っていること＝安心
あなたが考え望んだことを社員の人達は進んでやってくれるようになるはずです
それは理想的な関係ですね！
リーディングができるような関係を築けるように頑張ります！
頑張って！
数日後
GOOD DAYS
次の特売品何にしようかな…
コン コン
大森さん どうしたの 珍しい…
あの… 社長 これ
何 それ？
私なりに考えた日付別の特売候補商品のリストです
えっ!?

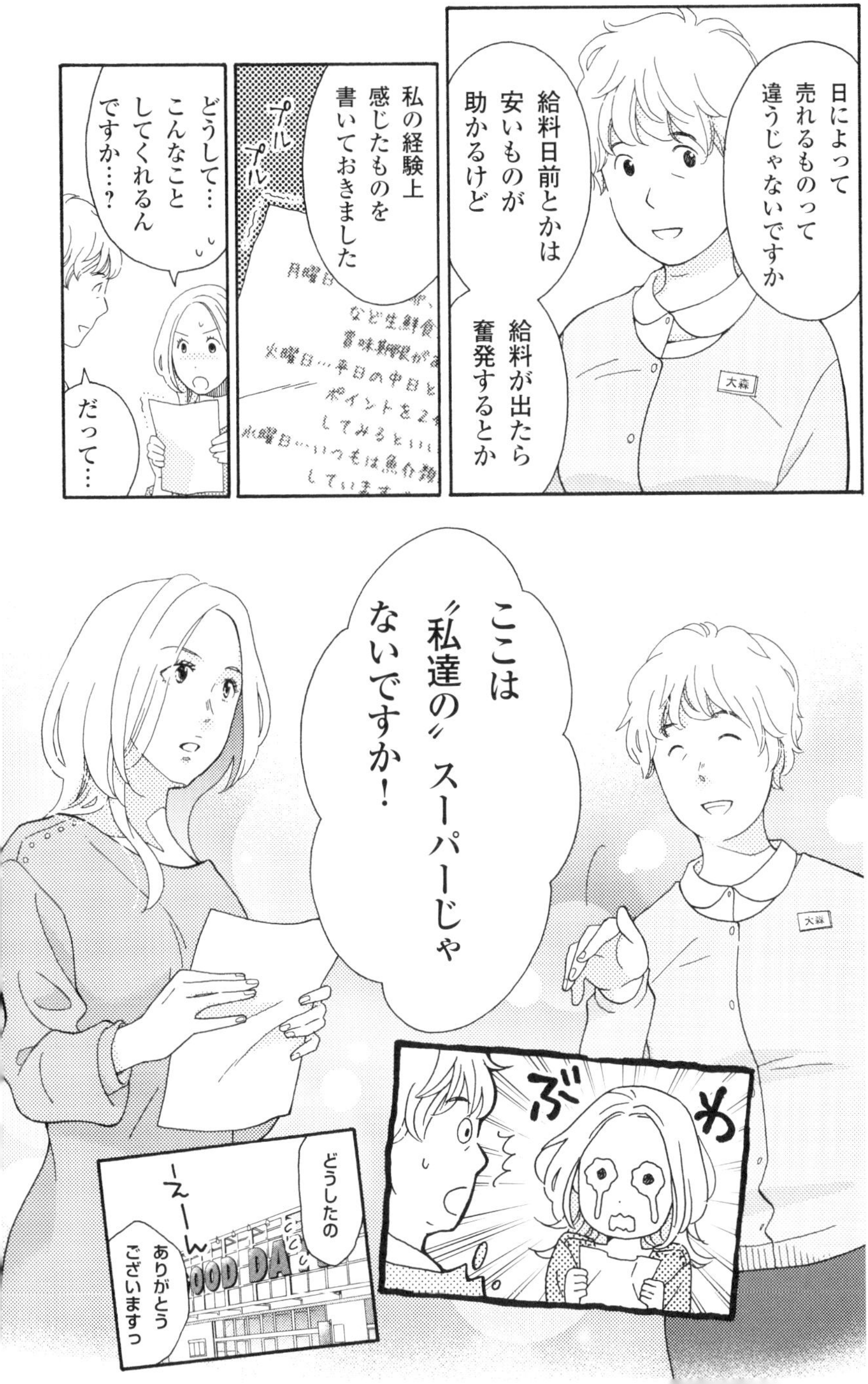

日によって売れるものって違うじゃないですか
給料日前とかは安いものが助かるけど
給料が出たら奮発するとか
大森
私の経験上感じたものを書いておきました
プルプル
どうして…こんなことしてくれるんですか…?
だって…
ここは〝私達の〟スーパーじゃないですか!
大森
ぶわ
どうしたの
えーーん
ありがとうございますっ

# 01

# ミスコミュニケーションを防ぐ確認方法

## 情報の本質とは？

30頁で新妻が言うように、組織内のトラブルの大半はミスコミュニケーションによって起こると言われています。逆に言うと、ミスコミュニケーションを改善できれば、組織内のトラブルの大半は未然に防げるということになります。ＮＬＰの創始者の一人であるジョン・グリンダーが来日した時、情報伝達に関してこんな例え話をしました。

**「人体が健康であるためには、身体の隅々まで栄養が届けられなければならない。栄養は血液を通って届けられるので、滞りなく血液が循環しなければならない。組織における血液は情報である。組織が健全に機能するには情報が滞りなく循環しなければならない」**

この比喩で意味する組織内の「情報の伝達」は、どんな手段で行われているのでしょうか？

「会議」「ミーティング」「メール」「電話」「文書」などが考えられますが、これら全て本質は同じです。**全て言葉による伝達**だということです。

これは**どの伝達手段を用いても常にミスコミュニケーションが起こる可能性を秘めている**ということになります。Ｐａｒｔ１でお伝えしたとおり、言葉はそれを受け取る側（受け手）が常に過去の体験とつなげてしか理解できないため、話し手が伝えたい内容がゆがめられてしまうからです。

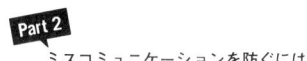

## ⇩「言葉が伝わった＝内容が伝わった」は幻想

新入社員が入社後の研修などで最初に学ぶことのひとつに報連相《ホウレンソウ》（報告・連絡・相談）があります。私が最初に勤めた会社は教育研修を行っている会社だったこともあり、これらは徹底されていました。例えば、上司が部下に指示命令を伝えた場合、重要な要件に関しては必ずメモを取らされ、部下にそれを復唱させ、上司自身が言ったことが正確に伝わったかどうかを確認するのです。したがって、言葉は正確に伝わりました。それでもミスコミュニケーションは頻繁に起こっていたのです。

たった今「言葉は正確に伝わった」と書きました。これは91頁の図Aのように言葉のレベルで確認することにあたります。この場合、言葉は正確に伝わっています。しかし、理解のレベルはどうでしょう？　受け取った質感の部分（理解のレベル）は、かなり異なったものに歪曲《わいきょく》されている可能性があります。なぜなら度々お伝えしてきたとおり、私達は相手が話した言葉や、文書で書かれた言葉を自動的に（無意識的に）自分自身の過去の体験に置き換えて理解してしまうからです。ですから、メモを取らせたり復唱させても、それが言葉のレベルでの確認作業である限り、多かれ少なかれ歪曲した理解がなされるのです。

　本当の確認とは、図Bのように、話し手が伝えたかった内容（体験のレベル）と受け手が受け取った内容（理解のレベル）が一致することです。ミスコミュニケーションを防ぐために本当に必要なことは**受け手が「受け取った言葉」を復唱することではなく、「話し手が伝えたい内容」の質感がどれだけ正確に受け手に伝わったかを確認する**ことにあるのです。そのためには、「言葉が伝わった＝内容が伝わった」という図式が幻想であることを受け止めることから始めなければならないのです。

## 本当の確認とは 言葉を一致させることではない

図A：言葉のレベルで確認すること

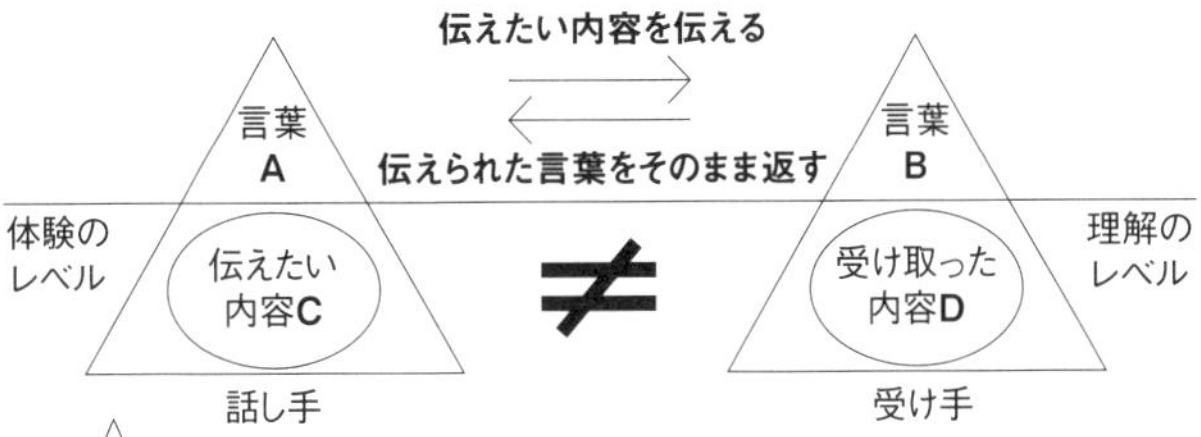
伝えたい内容を伝える
伝えられた言葉をそのまま返す
言葉
A
言葉
B
体験の
レベル
伝えたい
内容C
≠
受け取った
内容D
理解の
レベル
話し手
受け手

たとえ、言葉のレベルで確認した内容が同じでも（A＝B)、自分の過去の体験で歪められて理解されているため、伝えたい内容は正確に伝わっていない（C≠D)

図B：体験のレベルで確認すること

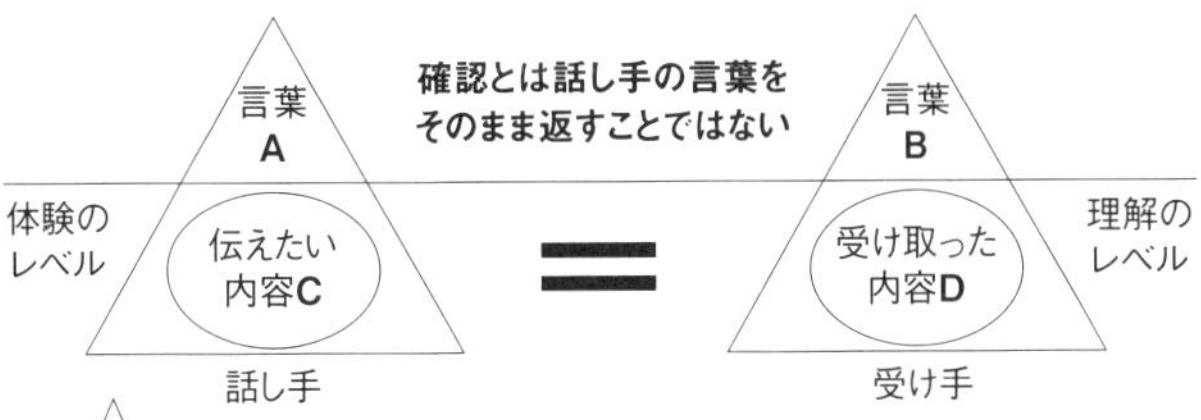
確認とは話し手の言葉を
そのまま返すことではない
言葉
A
言葉
B
体験の
レベル
伝えたい
内容C
＝
受け取った
内容D
理解の
レベル
話し手
受け手

本当の確認とは、話した言葉（A）と受け取った言葉（B）を一致させることではなく、伝えたい内容（C）と受け取った内容（D）を一致させること（C＝D)

## ミスコミュニケーションを起こす二重のフィルター

## 02

### コミュニケーションには二重のフィルターがかかっている

では、どうすれば、話し手の体験のレベルで確認できるのでしょうか？

まず、ミスコミュニケーションが起こる原因は２ヶ所あると考えてください。

最初の段階は「**話者の体験が言葉に翻訳される時**（93頁のフィルターA）」です。次に「**話し手の言葉が受け手の過去の体験によって理解される際**（93頁のフィルターB）」です。

第1章でお伝えしたとおり、話し手の体験が言葉に翻訳される際には省略・歪曲《わいきょく》が起こります。体験のレベルにある完全な情報の多くが省略され、また特定の価値観などによって歪曲された後に言葉になるのです。このようにして出来上がった言語表現はすでにかなり不十分な情報であることがわかるでしょう。そのため、ミスコミュニケーションを防ぐためには、**この不十分な情報を正確な情報（もともとの情報＝体験のレベル）に近づける必要があるのです。**

## コミュニケーションにおける二重のフィルター

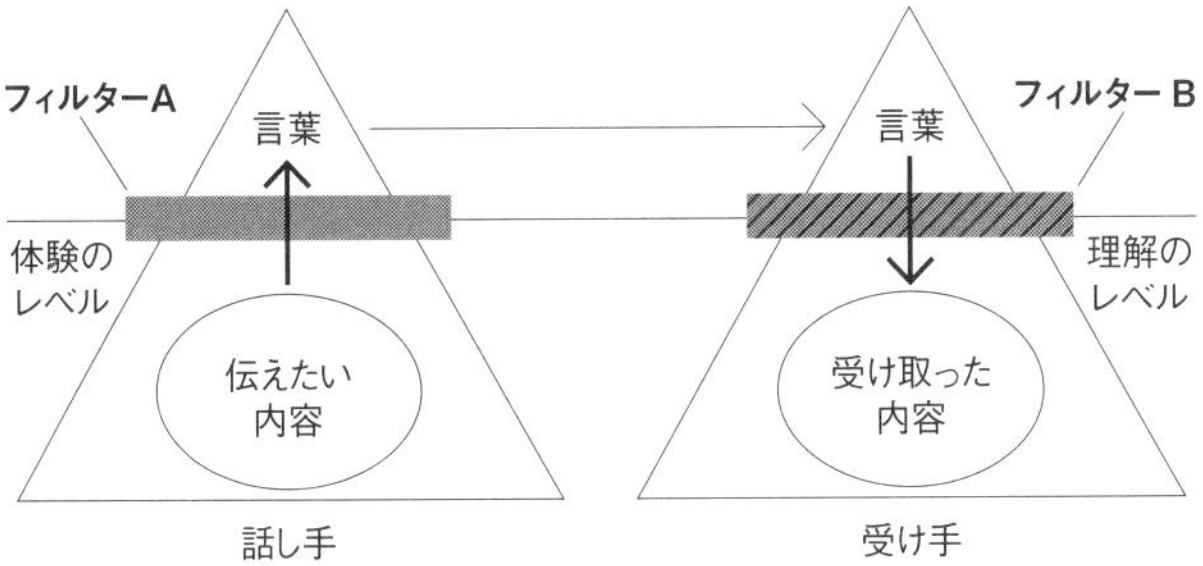
フィルターA
言葉
体験の
レベル
伝えたい
内容
話し手
言葉
フィルター B
理解の
レベル
受け取った
内容
受け手

●**「フィルターA」**……話し手の体験と言葉の間にあるフィルター。ここで、話者の純粋な体験がゆがめられ言葉となる。

●**「フィルターB」**……受け手が聞いた言葉とその理解の間にあるフィルター。ここで、受け手は話し手の言葉を自分の過去の体験（記憶）に結びつけて理解する。

↓

**ミスコミュニケーションを正すにはこの 2 つのフィルターを取り除かなければならない。**

補足：フィルター A を正す際に、省略・歪曲を正す質問が役立つ（94 頁参照）。しかし、全ての会話でこのような質問を心がける必要はない。あくまで、大切な会議等、ミスコミュニケーションが命取りになるような場面でのみ質問すれば良い。

## ⇩正確な情報を取り戻す際に必要なこと

省略と歪曲《わいきょく》が不十分な情報を作り出している原因ですので、「省略された情報を取り戻すこと」と「歪曲された（ねじまげられた）情報を元に戻す」必要があり、その際に「質問」が役立ちます。

例えば、「3歳のマリコが椅子から転げ落ちて床でヒジを打った」という内容の体験があったとします。これをそのお母さんがあわてて「マリコが事故にあった」と言ったら、聞いたあなたは事故は交通事故にでも遭ったと錯覚してしまうかもしれません。多くの人の頭の中の辞書では事故は交通事故を意味するからです。仮にそのように錯覚して受け取られてしまうと、「病院や警察には連絡したのか」などと間違った方向へ会話が進んでしまうかもしれません。

その際に、「言葉は体験が省略・歪曲されたもの」だとわかっていたらどうでしょう。**「どんな省略が入っているのか？」「どんな歪曲が入っている可能性があるのか？」という観点で、もともとの体験を取り戻す**質問が思い浮かぶはずです。

マリコの事故の例では、「事故の内容」が明らかになっていませんね。ここに省略と歪曲が隠れていることは容易に想像できます。そこで、「事故ってどんな事故ですか？（省略された情報を取り戻す）」「どの程度のケガをしたんですか？（歪曲を是正する）」などと質問すれば、「マリコが椅子から落ちてヒジを打ったんです」「ヒジにこぶを作って赤く腫れています」などと返ってくるでしょう。

さらに、「事故と言うほどのレベルのものですか？」と質問してあげたら、マリコのお母さんも気が動転していたことに気づいて冷静になれるでしょう。後の章で詳しくお伝えしますが、体験が言葉に翻訳されるプロセスで、些細なことを大げさな出来事だと錯覚して理解してしまうことすらあるのです。この場合は自分自身に対してミスコミュニケーションをしてしまっていることになります。

このように、２～３回質問するだけでもかなり正確な情報を取り戻せるのです。

ただし、何気ない友人との会話やビジネス上の社交辞令などで省略・歪曲を正す必要はありません。Ｐａｒｔ１でお伝えしたとおり、省略・歪曲があるからこそ、冗長な会話にならずに済むのです。あくまで、クライアントとの大切な商談や、方針を決める大切な会議など、誰かが言ったことを誤解して（歪曲して）受け取った場合、重大な問題が発生する可能性があるコミュニケーションに絞って質問した方がいいでしょう。

# 受け取った情報をフィードバックする

# 03

92頁で「フィルターA」と「フィルターB」の2ヶ所でミスコミュニケーションが起こる、とお伝えしました。そして、まずは省略・歪曲《わいきょく》を正す質問をすることによって、「フィルターA」で失われた情報を取り戻すことができるのでしたね。

次に必要なステップは、「フィルターB」によって生じるミスコミュニケーションを防ぐプロセスです。

## ⇩「相手が伝えたかった内容」と「自分が受け取った理解」の違いを明らかにするコツ

省略・歪曲を正す質問によって、相手が伝えてくれた情報がより具体的なものになります。これによって、受け手は自分の体験で空白を埋め合わせなければならない負担がずいぶん減ります。「空白の原則（48頁）」でお伝えしたように、内容が抽象的であればあるほど、自分の体験で補わなければ理解できないのです。

言語表現が抽象的なものから具体的なものに変わっただけでも相手と自分の頭の中にあるイメージは近づきます。しかし、言葉による表現がいくら具体的になっても、そもそも受け手は言葉を受け手自身の体験に結びつけてしか理解できない限り、そのイメージの質感は話し手が伝えたかった内容とは大きく異なっている可能性があります。

Ｐａｒｔ１で紹介したようなホテル宿泊の例は誰もが体験する簡単なものですので、容易にイメージを描くことができます。したがって、お互いに全く異なる方向性のイメージが頭の中に浮かぶということはありませんが、イメージの質感に大きな開きがありました。そして質感の違いが致命的なミスコミュニケーションを起こす場合もあります。

例えば、あなたは「合コン」という言葉を聞いてどんなイメージが浮かぶでしょう？

私がＮＬＰを学んでいた頃に、受講生仲間が「合コン」を話題に会話をしていました。私が学生時代に参加していた合コンは居酒屋で開く、騒々しい雰囲気のものでしたから、私の頭にはそんなイメージが浮かびます。そこで、会話の途中で「掘りごたつ」など懐かしい情景を口にしたところ、受講生仲間からは「いやいや違うの、フレンチだったの」と返ってきたのです。私は安い居酒屋でしか合コンをしたことがなかったのでフレンチでの合コンを全くイメージできず、会話が全くかみ合っていなかったことに気づきました。

このように**自分の頭の中にあるイメージ（地図）を自分の言葉で相手に伝えると、それが相手の頭にあるイメージ（地図）と違った場合、その違いをフィードバックしてもらえる**のです。早い段階で認識の違いがわかると、大きなミスコミュニケーションにいたらずに済みます。ですから、相手が話した内容を自分が頭の中でどのようにイメージしているかを時々相手に話せれば、自分と相手の頭の中の認識を一致させながら会話を進めることができます。**その際のコツは頭の中にある「イメージの質感」を「自分の言葉で」伝えることです。**合コンの例だと、「数人の男女で食事をしながら会話を楽しむ」という内容は一致しているのですが、「フレンチ」に対して「掘りごたつ」と質感が大きく違うのです。

お互いの頭の中のイメージ（質感）が違いすぎるとミスコミュニケーションが起こるだけでなく、どことなく会話がかみ合わずラポール（信頼関係）も築きにくいのです。

そこで、話し手が伝えてくれた情報が正確に伝わっているかどうかを確認した方がいいということになりますが、すでにお伝えしたように相手が話した言葉を復唱しても確認したことにはなりません。ここで必要なことは、**相手が話した言葉から理解したものを自分の言葉で率直に描写してみることです。その際に質感を意識することです。**

## 相手の言葉を受け取る過程で生じるミスコミュニケーションを防ぐ方法

「相手が伝えたかった内容」と「自分が受け取った理解」が合っているか確かめること

**ポイント**

- **「自分の言葉」で表現する（おうむ返しするのではなく）**
- **自分の頭の中にある「イメージの質感」を伝える**

**例えば……**

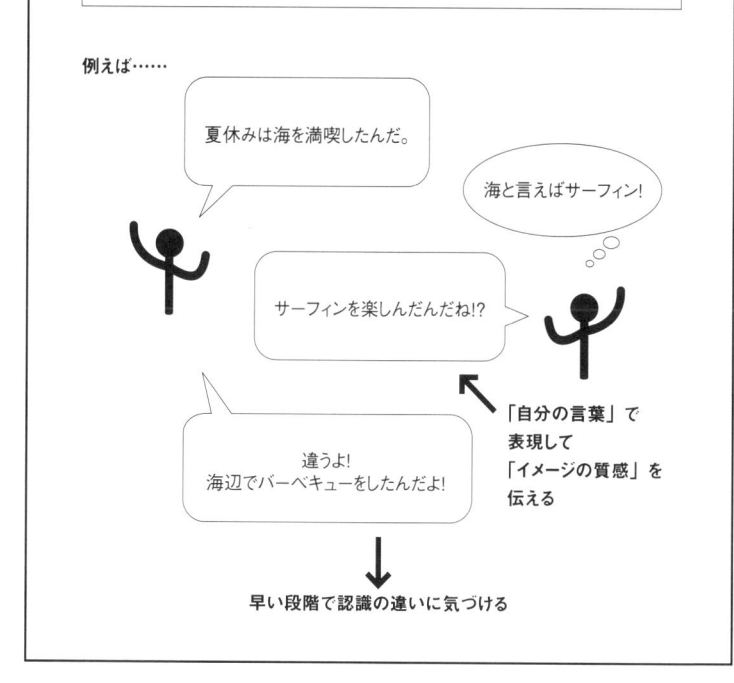

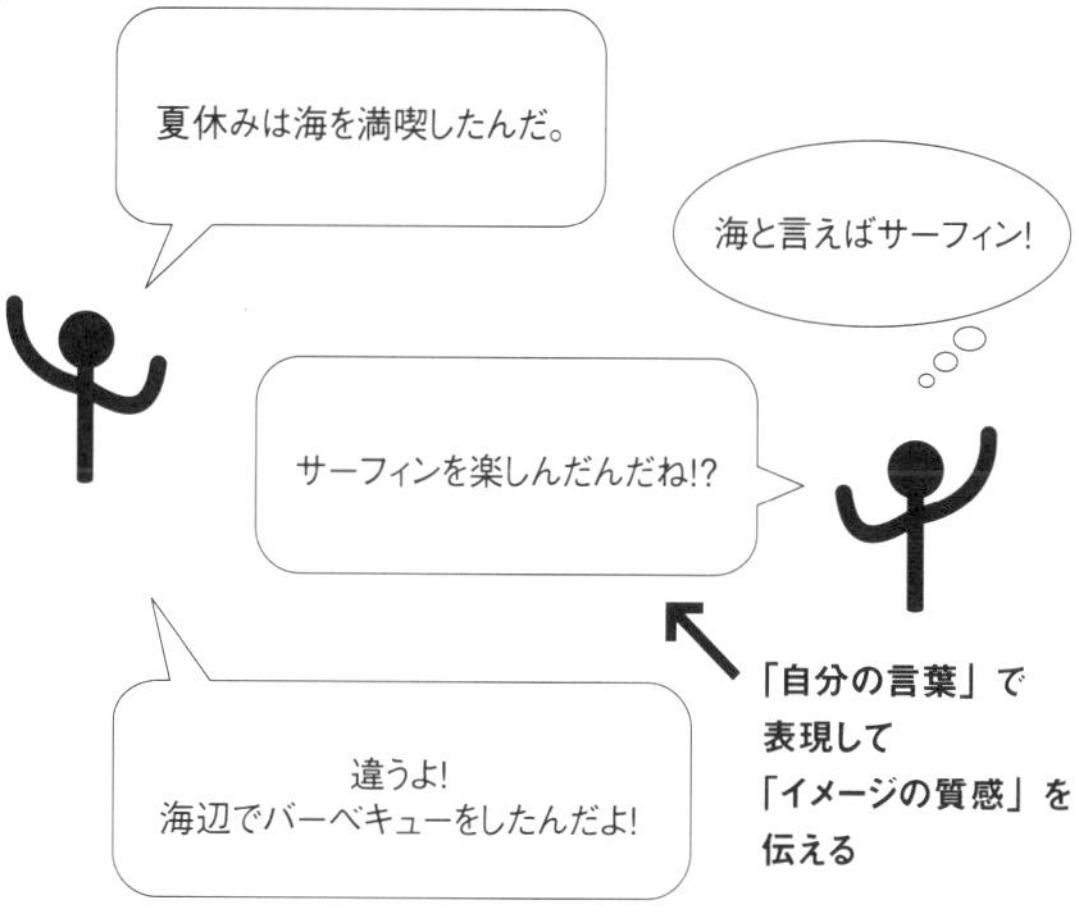
夏休みは海を満喫したんだ。
海と言えばサーフィン!
サーフィンを楽しんだんだね!?
違うよ!
海辺でバーベキューをしたんだよ!
「自分の言葉」で
表現して
「イメージの質感」を
伝える

**早い段階で認識の違いに気づける**

## 04

# 省略・歪曲《わいきょく》について質問をする時の注意

ここまで話し手が体験を言葉にする過程の「フィルターＡ」と、受け手がその言葉を理解する過程の「フィルターＢ」の２ヶ所で起こるミスコミュニケーションを防ぐ方法のポイントをお伝えしてきました。

通常の会話においては、それぞれを使い分ければ良いでしょう。ＴＰＯに合わせて省略・歪曲に関する質問をしてみたり、自分の頭の中にある理解のイメージを率直に話してみればいいのです。ただ、会議などとても重要な案件があれば、両方を行うと効果的です。

### ⇩ミスコミュニケーションを防ぐ際の優先順位

私は音楽鑑賞が好きでオーディオに凝ったことがあります。オーディオの構造はシンプルで①ＣＤプレーヤーがソフト（ＣＤ）から情報を引き出し、②アンプがその音を増幅させ、③最後にスピーカーから耳に聞こえる音として表現されるというプロセスです。ＣＤプレーヤーが川上で、スピーカーが川下となります。もちろんどのプロセスも大切ですが、一番重要視したいのは「ＣＤプレーヤー」です。

なぜなら、ここにソース（音源の原初の情報）があり、ここで引き出せるソフト（ＣＤ）の情報の質が、その後のプロセスの可能性を決定するからです。ＣＤプレーヤーの能力が劣ると劣悪な情報しか川下に送り出せません。そこで優れたアンプやスピーカーを使っていたとすれば、劣悪な情報（粗い音源）を忠実に増幅し表現することになるので、かえって粗さが強調されてしまうことになるのです。

同様に、コミュニケーションも川上にある情報の方が重要です。「フィルターＡ」を通過した情報の質が劣悪であれば、いかに「フィルターＢ」で起こる受け手の歪曲を正す努力をしても、劣悪な情報を忠実に再現しようとしてい

### ［ミスコミュニケーションを防ぐ優先順位（川上から川下へ）］

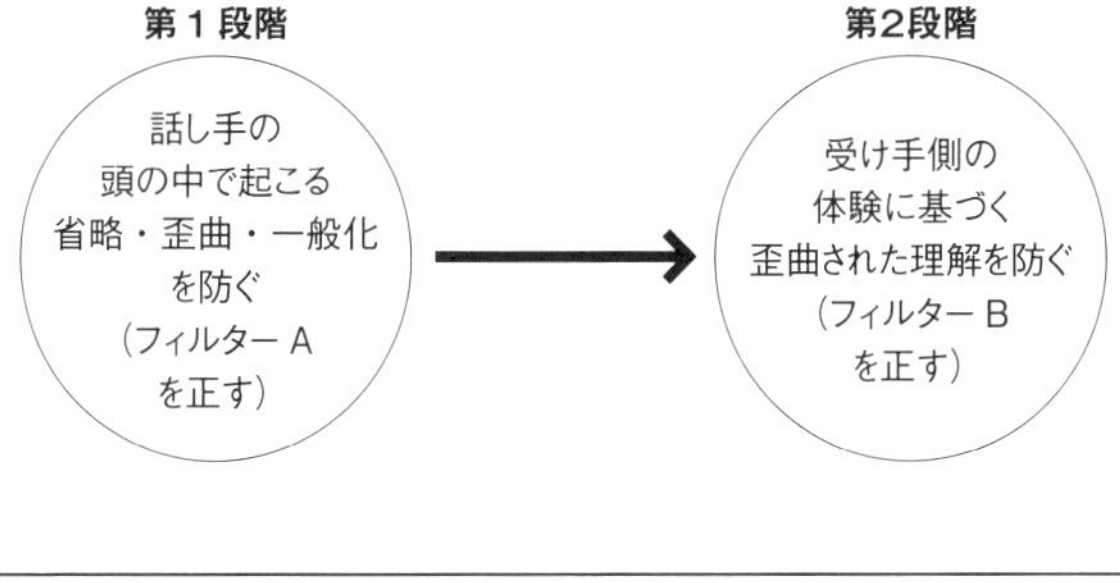
第１段階
話し手の
頭の中で起こる
省略・歪曲・一般化
を防ぐ
（フィルター A
を正す）
第2段階
受け手側の
体験に基づく
歪曲された理解を防ぐ
（フィルター B
を正す）

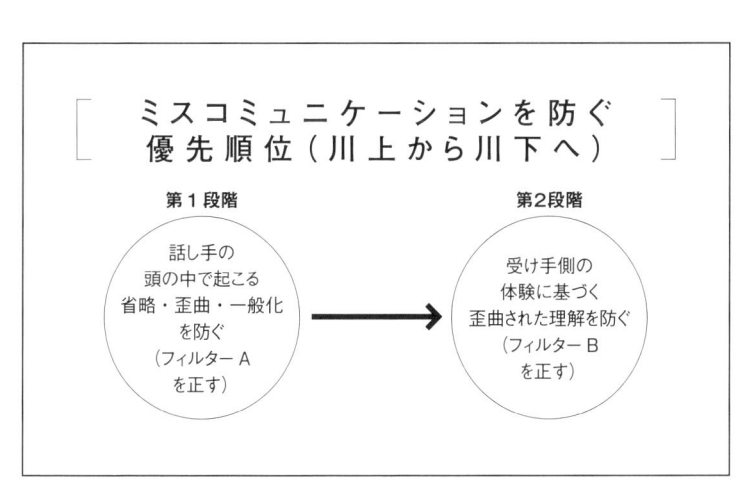

ることを意味するかもしれないからです。

したがって、ミスコミュニケーションを防ぐ際の優先順位は、１０１頁の図にあるように**①「川上の情報（話し手のフィルター＝フィルターA）」の情報に正確さを取り戻してから、②「川下の情報（受け手のフィルター＝フィルターB）」の情報の質感を正す**ことなのです。

## ⇩鋭い質問はラポール（信頼関係）を壊す可能性がある

ここで、フィルターAで起こるミスコミュニケーションを防ぐ際の注意点をお伝えします。それは、**省略・歪曲《わいきょく》を是正する質問は往々にして詰問のようになりがちで、ラポールを壊す可能性がある**点です。

ラポールとは平たく言うと話し手と受け手両者の心が開かれた状態です。同じ内容でも、人間は好きな人から言われたことは素直に受け入れますが、嫌いな人からだと斜に構えて聞き、それこそ歪曲して誤解して受け取ってしまいがちなのです。ですからラポールを維持することが全てのコミュニケーションの基本となります（詳細は前著『マンガでやさしくわかるＮＬＰ』を参照）。

読者の皆様の中にも会議等で自分が立てた企画に関して、難しい顔で根掘り葉掘り質問された経験がある人もいるでしょう。「○○の定義は？」「いつまでにするの？」「どのくらいコストがかかるの？」「○○の部分をもっと具体的に教えて」と矢継ぎ早に質問されると攻撃されているように感じられる場合があります。

私も、かつて勤めていた会社で、頭が切れる上司がいて企画書を提出する度に鋭い質問をされいつも緊張していました。その上司のチェックで省略されていた情報などを追加して伝えることができました。そのため会議などでの上司との意思疎通はより完全なものになりましたが、極度に萎縮してしまい、上司を避けるようになっていきました。

もちろん質問する側は、わからないから質問しているのです。それはある意味、省略・歪曲された情報を取り戻すための質問で、コミュニケーションという観点では正しいことをしているのです。

しかし、鋭い質問を投げかける人は嫌われがちです。**人間は無意識レベルでは正しいコミュニケーションを求めているのではなく、安全なコミュニケーションを求めている**からです。ですから、省略・歪曲された情報を取り戻す質問もラポールを保ちつつ行うべきです。そのため、質問する前に「質問すればするほどラポールが深まる状況」を作り出すことをおすすめします。それを**プリフレーム**と言います。次の頁で詳しく紹介します。

## 05 状況を整えてから質問する

### プリフレームとは？

プリフレームの「プリ」とは「前もって」という意味の接頭語で、「フレーム」は「枠」という意味です。絵などを入れる額縁のことをフレームと言いますね。したがって、プリフレームとは「前もって枠（状況）の中に入れる」という意味になりますが、平たく言えば**「肯定的な先入観を持ってもらうこと」**だと考えればいいでしょう。

なかにはリフレームという言葉を聞いたことがある人もいるでしょう。リフレームはおもに特定の出来事や状況の意味づけを肯定的なものに変えることを意味します（詳細は前著『マンガでやさしくわかるＮＬＰ』を参照）。

本書の中でも複数の人間が同じ出来事を体験しても、それぞれの人間の価値観などによって歪曲して捉えられると書きました。数学の難問を毛嫌いする人もいれば、難問だからこそワクワクするという人もいます。全く同じ出来事でも、捉え方によって感じ方が正反対になることもあるのです。ここで明らかになるのは左図にあるように出来事の価値は

## ありのままの出来事に被せた イメージが反応を作り出す

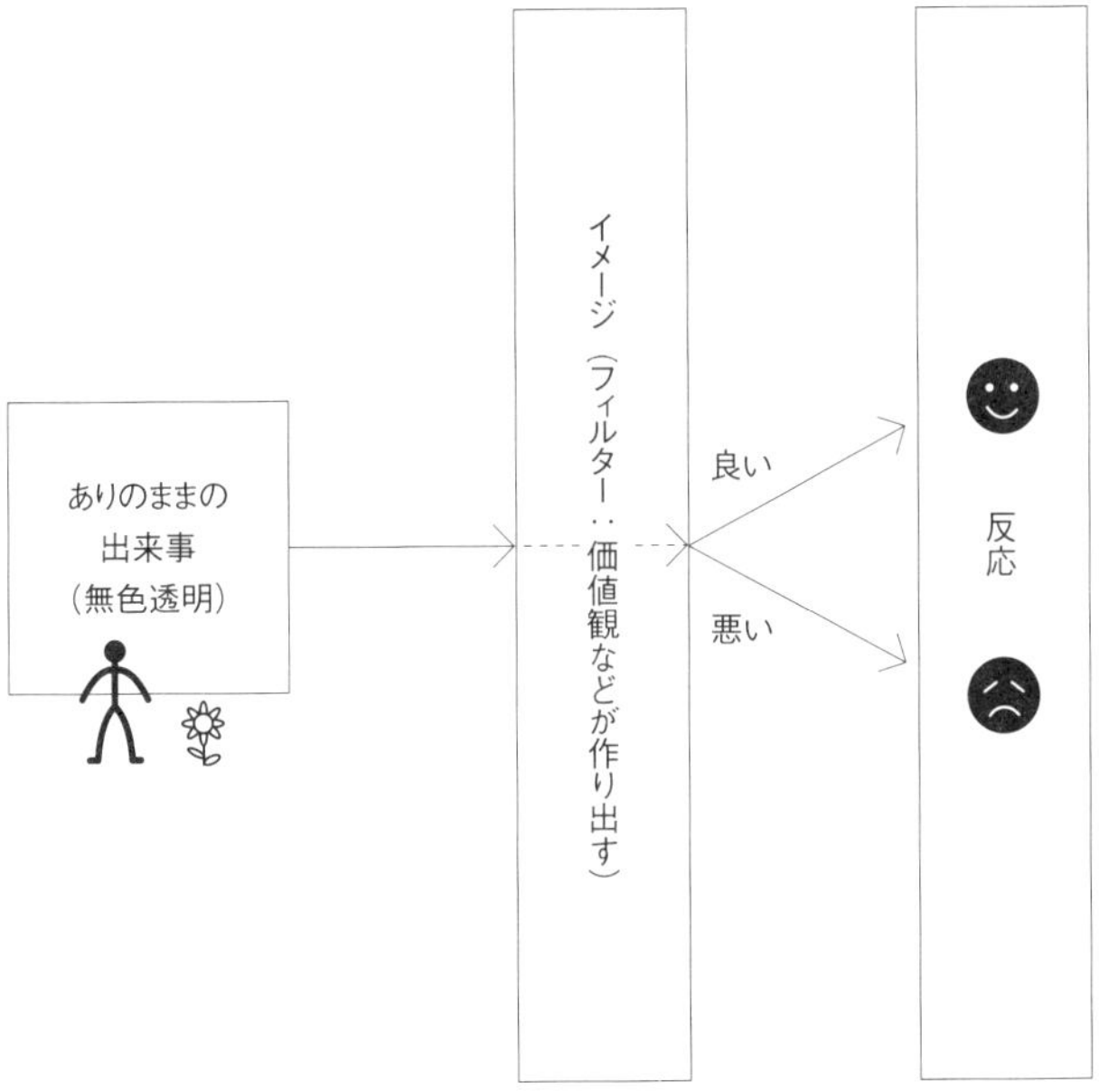
ありのままの
出来事
（無色透明）
イメージ（フィルター：価値観などが作り出す）
良い
悪い
反応

出来事の価値は無色透明（良いも悪いもない）。

しかし、価値観など出来事に被せたイメージが良し悪しを判断し反応を作り出している。このように、反応を作り出すのは出来事そのものではなく、イメージの方なのである。

無色透明で、イメージが価値を作り出し反応の仕方を決めている点です。

## ⇩「詰問《きつもん》」を「熱心な学びの質問」に変えるコツ

仮にあなたがある会社の課長だったとします。そして上司である部長が企画したあるプロジェクトをあなたに伝えたとします。現場のリーダーである課長であるあなたは、部長が実現したい状態や達成手順などの質感を理解していなければなりません。

ここまで見てきたように、話者の頭の中にあるイメージと、受け手の頭の中にあるイメージの質感はだいぶ違いますので、仕事上の大切なプロジェクトの打ち合わせなどでは、部長にとって常識的だと思われているレベルのことでも確認しておいた方が良いのです。しかし、そこで部長に対して唐突に「フィルターA」（93頁参照）で起こる省略・歪《わい》曲《きょく》を正す質問を根掘り葉掘りしたらどうでしょう？　なかにはとても基本的な内容に関する質問も含まれるため、よほど強い信頼関係がない限り、部長が嫌悪感を感じる可能性があります。

そこで、質問する前に以下のように投げかけたらどうでしょう。

**「素晴らしいプロジェクトですね！　ぜひ課のメンバーで協力して、このプロジェクトを**

**部長が思い描くイメージに沿って成功させたいと思います。そのためには、部長が描いているプロジェクトをもっと深く共有していた方が良いと思います。つきましては、プロジェクトに関する一連の詳しい質問をさせていただきたいのですがよろしいでしょうか?」**

こんな風に言われた部長は、「なんて熱心な課長なんだ」と思うのではないでしょうか?

①まず、前もって、部長が省略・歪曲に関する質問を受け取りやすい状況を先に設定する。②そして、一連の質問をする。すると、質問すればするほど一生懸命な部下に映るのではないでしょうか? このように、**プリフレームはやり取りにおける適切で肯定的な先入観を持ってもらうことを可能にします。**

コミュニケーションが上手な人を観察していると、本題に入るまでに本題が受け入れやすい状態を会話の中で作り出しているのがわかります。伝えたいことを伝える前に適切な状況をやんわり作っているのです。伝える内容が大事だということで単刀直入に本題から入る人もいますが、伝える内容が大事であればあるほど、それが受け入れられやすい状況を整えてもらいたいのです。

繰り返しお伝えすることになりますが、**コミュニケーションにおいては何を伝えたかではなくて、どのように伝わったかが大切なのです。**だからこそ、ちょっとした事前の配慮（プリフレーム）を意識してほしいのです。

# ミスコミュニケーションを防ぐ3つのステップ

06

## プリフレームから始める

ここまででミスコミュニケーション防ぐ手順が明らかになりました。以下の3つのステップです。まず第一に、**プリフレーム**です。ここでスムーズに質問が受け入れられるよう、相手に先入観を持ってもらうのでしたね。次に、**省略・歪曲《わいきょく》に関する質問（フィルターAを正す質問）**です。プリフレームを行う際は、鋭い質問が〝詰問〟になりがちですから注意が必要です。さらに、質問をやわらかく受け取ってもらうために、「笑顔」と「優しい口調」を心がけてください。

そして最後に**確認、つまり「話し手の頭の中」と「受け手の頭の中」を一致させる（フィルターBを正す）問いかけ**です。ここでのポイントは、相手の言葉をどんな質感で受け取ったかを**自分の言葉**で相手に伝えることでしたね。ここで認識が違う場合は、相手がその違いに気づいて、頭の中にある質感をより詳しく説明してくれることになるのです。

※「フィルターA」、「フィルターB」については93頁を参照。

## ミスコミュニケーションを防ぐ3ステップ

**ステップ1**

**プリフレーム**

唐突に「フィルターA」を正す質問をすると、相手は詰問だと感じてしまう。それを防ぐためのステップ。

↓

**ステップ2**

**省略・歪曲に関する質問**

フィルターAを正す質問

質問をやわらかく受け取ってもらうために「笑顔」と「優しい口調」を心がける。

↓

**ステップ3**

**確認**

フィルターBを正す質問

受け取った内容を「自分の言葉」で表現し、「イメージの質感」を伝えること。

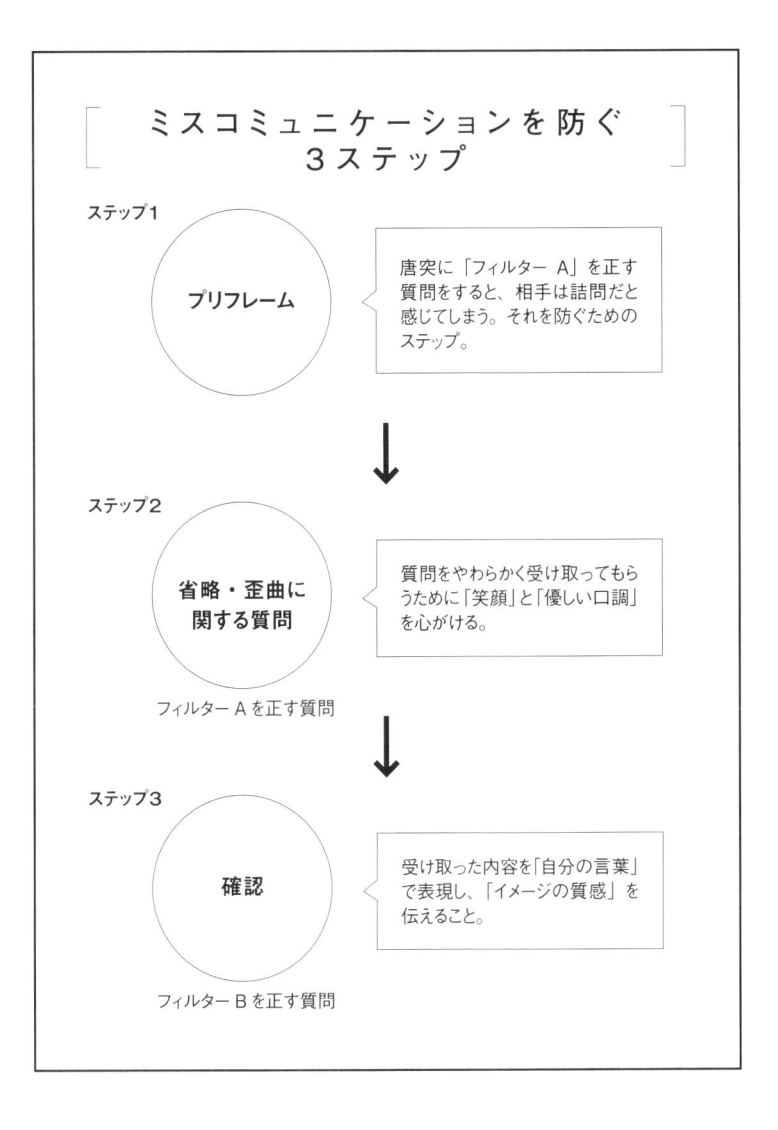

# 07 信頼関係を深めるコツ① 決定権を相手に渡す

## 相手に決定権を渡すとラポールが深まる

私はコーチングをテーマとした企業研修を行うことがあります。コーチングをひと言で説明すると「質問を主体とした自主性を引き出すコミュニケーション」となります。「問い」は脳に空白を作ります。「空白の原則」にあるように、脳は空白を作るとそれを埋めるようフル回転しますので、上司に質問された部下は様々な経験をたぐり寄せ、自分で答えを出し自主的に行動しようとします。基本的に**人間は誰かに押し付けられたことよりも自分で決めたことの方に意義を感じる**からです。

しかし、前ぶれもなく唐突に質問されたら不快に思うこともあります。人間は自分のペースで生きることに安全・安心を感じる傾向が強く、何らかの思考を巡らせている最中に、質問されたらペースを乱されたように感じるからです。これでは、緊張してしまい（危険を感じている）、リラックスして質問の答えを出すことに集中できません。

その際に「ひとつ質問してもいいですか？」とひと言添えるだけで、相手は質問を格段に受け入れやすくなります。**人間は決定権を持つと安全・安心を感じるから**です。「質問してもいいですか？」と尋ねられたということは、質問を受けるか否かは自分が決めていいということになる、つまり決定権は自分にあると感じるのです。これは、無意識レベルでは自分のペースで生きることができるということを意味し、安全・安心を感じるに至るのです。

１０６頁のプリフレームの事例でも、最後のところで、「一連の詳しい質問をさせていただきたいのですがよろしいでしょうか？」と投げかけていますね。これは、上司が質問を受け入れやすいフレームを設定すると同時に、決定権を上司に渡していることがわかるでしょう。このように、省略・歪曲《わいきょく》の質問をしやすい状況設定のためのプリフレームでは、決定権を相手に渡すことも同時に行えると効果的です。決定権を渡して、安全・安心を感じた人が提案を拒絶することはほとんどありません。拒絶したいと感じるのは危険を感じている時だけだからです。

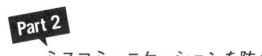

## ⇩コミュニケーション上手は相手にとって安全なフレームを作り出す名人

私は初めて勤めた会社（経営コンサルティング会社）で、おもに営業を担当していました。その会社でトップ営業になりましたが、その当時心がけていたことは、「売ろうとしないこと」でした。

これを聞いて意外だと感じる人もいるでしょう。売ろうとしないセールスパーソンなんて……。しかし、トップ営業の著書を読むと私と同じ考え方を持っている人も多いのです。**人間は買いたいと思っていますが、買わされたいとは思っていない**からです。

多かれ少なかれセールスパーソンがそばに来ると緊張します。それが初対面の人であればなおさらです。さらに、そのセールスパーソンが売ろうという気持ちが前面に出ていたらどうでしょう？　クライアントは身構えてしまいますね。身構えるということは心を閉じていますので、セールスパーソンが話す言葉も深くは伝わりません。これではいかに商品知識豊富でもそれを活かすことができません。

**営業に限らずコミュニケーションの基本は言葉を深く受け取ってもらうことです。**

ですから、**上手に話すことよりも、関係を作ることの方が重要**なのです。そして、関係を作る際の最大のポイントは安全・安心の提供です。これは、すでにお伝えしたとおり無意識（潜在意識）は安全・安心の確保を最重要に考えているからです。

少し考えればわかりますが、セールスパーソンの言いなりになるのは面白くないはずです。その場合、セールスパーソンが有能であればあるほど恐れも大きくなります。相手が強いということは良好な関係においては頼もしさを感じますが、十分なラポールがない関係では自分が弱い立場であることが強調されるからです。

逆もまたしかりです。しどろもどろな新人セールスパーソンに親近感を感じたことがあるのは私だけではないでしょう。この場合、「相手は弱い（新人）、＝自分が強い」と無意識が判断して安全・安心だと実感し心を開くのです。

先ほど、トップ営業だった私は売ろうとしなかったと書きました。その当時の私にはギラギラとした雰囲気はなく、クライアントから見て草食系、癒やし系の雰囲気が感じられていたのだと思います。その結果、安心して会社の経営上の悩みを打ち明けてくれて、クライアントの方から「これを解決する提案は無いか？」と聞いてもらい、それにお答えする形で商品を提供していたのです。今考えると、その当時の私は自然に「決定権をクライアントに手渡すプリフレーム」ができていたのだと思います。

先ほどもお伝えしたように、**クライアントは「問題があり、なんとかしたい」と思っていて、「買わされたくないが、買いたい」と思っている**のです。大切なことは、その本音が出せる安全な環境を提供することです。同様に人間は深くつながりあいたいと望んでいます。だからこそ安心感を提供すると相手の方から心を開いてくれるのです。守る必要がないからです。

# 信頼感を深めるコツ②バックトラック

08

## さまざまなラポールの構築方法

これまで何度もお伝えしたように、コミュニケーションで一番大切なことは信頼感のある関係性（ラポール）です。このパートではミスコミュニケーションを防ぐ方法として３つのステップを紹介しましたが、この手順がうまく機能するかどうかはそれ以前に良好な関係が築けているかどうかにかかっています。したがって、プリフレーム（ステップ１）の前にステップ０としてラポールの構築が必須です。

ラポール構築の王道はペーシングです（１１８頁参照。詳細は前著『マンガでやさしくわかるＮＬＰ』を参照）。

ラポールを構築する方法はたくさんあります。すでにご紹介した決定権を提供するのもそのひとつです。ここではもうひとつ役立つ技法として**バックトラック**を紹介します。Ｐａｒｔ３（１２９頁）に登場するのですが、ここでは少し先取りして紹介します。

まずは、左の頁のバックトラックがある会話と無い会話を見てください。

## バックトラックのある会話、ない会話

### ●会話例1（バックトラックあり）

A：休日はどのように過ごしていますか？
B：読書をすることが多いです。
A：よく読書をされるんですね。
A：どんなジャンルの本が好きですか？
B：推理小説が好きです。
A：推理小説がお好きなんですか。
A：推理小説のどんなところに惹かれるのですか？
B：どうなっていくのか先が読めない感じがドキドキして興奮します。
A：なるほど、先が読めない感じがドキドキするのですね。

### ●会話例2（バックトラック無し）

A：休日はどのように過ごしていますか？
B：読書をすることが多いです。
A：どんなジャンルの本が好きですか？
B：推理小説が好きです。
A：推理小説のどこに惹かれるのですか？
B：どうなっていくのか先が読めない感じがドキドキして興奮します。

**※会話例1は A さんがバックトラックすることにより、B さんは相づちを打ち心の中でハイと言っている。その結果、言葉のキャッチボールができているような雰囲気がある。B は尋問のような雰囲気になる。**

## ⇩**相手が話した内容をそのまま返すことによりラポールが深まる**

ＮＬＰに限らずカウンセリングやコーチングでもラポール作りの基本として「バックトラック」という技法を学びます。これは「おうむ返し」とも呼ばれています。方法は簡単で、相手が話した言葉をそのまま返すというものです。１１５頁の会話例１がバックトラックが入った会話で２はそれが無い会話です。

実際の会話と会話例の文章では感じ方が変わってしまいますが、１の方が自然に会話ができている感じがするでしょう。２の方はぎこちない感じがするはずです。

特に１の方は、相手が話した言葉をそのまま返していますので、実際に口に出すかどうかは別として（ハイ）とつぶやくことになります。またバックトラックの度に、ほとんど無意識に（自然に）うなずくことになります。それに対して、２の方は３つの質問が尋問のように投げかけられるような印象があります。うなずきもありません。

実はここで「うなずいてもらうこと」「ハイと言ってもらうこと」「心の中でハイとつぶやくこと」がラポールを深めるのです。これら全て質問に対して、「ハイ（イエス）」と言っていることを意味しています。そして、**「ハイ（イエス）」は無意識レベルでは「受け入れる」という意味**があるのです。したがって、「ハイ（イエス）」をたくさん言えば言うほど、心が開いていく、２人の関係は和んでいくことになるのです。

バックトラックには、ラポールを深める効果がもうひとつあります。

人間は基本的に自分が話した内容を自分自身で確認しながら会話をしたいという欲求があります。ですから、会話をしながらもそれまでに何を伝えたかを無意識的に思い出しているのです。そこで、バックトラックをしてもらうと、コミュニケーションを取る相手がその作業をしてくれることになって負担が減り、より安心して会話を続けることができるのです。それがまた心地良さを感じさせるのです。

## ⇩バックトラックをする時の注意点

バックトラックの注意点は、**あくまで相手のペースに合わせて会話をしつつ（ペーシング）、できる場面だけバックトラックを加えることです**。相手のペースに合わせないとかえって会話が滞ることになります。例えば、話すのがゆっくりな人はバックトラックしやすいのですが、怒涛のように話す人に、頻繁にバックトラックすると会話が途切れがちになり、ストレスを感じさせてしまうことになります。話すスピードやペースが速い人には、あいづちをしっかり打つことに専念して、要所、要所で短く速くバックトラックをするといいでしょう。

Column 3

# ページングとラポール

83頁に登場する、ペーシングについて少し補足しておきましょう。ペーシングとは、おもに相手のペース（話すスピードなど）や関心事などに合わせることを意味します。NLP では、このペーシングによってラポール（信頼関係）が構築されると考えます。ラポールがある関係とはお互いの心が開いている状態ですが、心は相手が安全だと感じた時に無意識が開くものなのです。苦手な上司に心を開こうと意識することはできます。しかし、その上司の前へ行くと緊張してしまうでしょう。緊張しているということは心を閉じていることになります。つまり、考えとは裏腹に心が勝手に閉じられてしまいます。このように、ラポールができるかどうかも意識的に決められるものではなく無意識が決めるものなのです。

では、人はどんな場合に安全を感じるのでしょう？

ずばり、「よくわかっている」と感じた時に心を開くのです。「空白の原則」で解説したとおり、脳はわからないという状態を最も恐れているからです。

では、どんな人に対してよくわかっていると感じるのか。それは、「自分と似ている人」です。砂糖を食べたことがない人が、砂糖の専門書を読んでもその甘さを理解できないように、本当の理解は言葉（頭）ではなく体験（身体）によるものなのです。そして、人間は自分しか体験できないので、実際には自分が好きなことや自分が身につけている価値観などしか理解できていないのです。よって、自分と共通の価値観などがある人に親近感を感じ、安全だと感じて心を開きます。よって、相手の性質や相手が大切にしているものに合わせて会話するとラポールができるのです。そして、このように相手に合わせることを「ペーシング」と言います。

※ペーシングについての詳細は前著『マンガでやさしくわかる NLP』134 頁～を参照下さい。

おそらく戸越くんは
部長さんに叱られて
嫌われていると
思い込んでいます

# Part 3

# コミュニケーションのための言葉の使い方

コミュニケーションの過程で起こる
「省略」「歪曲」「一般化」を正すためには
どうすれば良いのでしょうか？
ここでは、具体的な言葉の使い方・
メタモデルを紹介します。

「僕は部長に嫌われている！」
Story 3
なんか最近 お店 変わったね
前までは いいお店ではあったけど普通のスーパーって感じだったのよね
いらっしゃいませー
最近は細かいところまで目が行き届いてて気持ちいいわね！
ふふふ
最近は社員やパートの人達とラポールが築かれてるから
お店の評判がどんどん良くなっていく
素晴らしい結果だわ！
どうしてこんな簡単なことができないんだ!!
ビクッ

いつまでも新人気分でいられたら困るんだよ！
もっと意識を高く持って仕事してくれないと！
すみません 今後 気をつけます
どうしたの？
新人の戸越くんが発注ミスで 部長に叱られてるんです！
このままだと また お客様がいなくなるぞ！
最近 コスト意識が高くなったんで部長もお店のために頑張ってるんですよ
そっか…
しっかり頼むよ！

大丈夫？
しゃ…社長！
部長にこっぴどく叱られたようだけど
すみません発注ミスしてしまいました
起こってしまったことは仕方ありません
同じ失敗をしないように気をつけてください
僕…ダメなんですかね
え？
何をしても上手くいかないし…
いつも部長に怒られるし…
失敗は誰でも…
部長は僕に厳しいんです…
え

きつい仕事ばかり僕に回ってくるし…
ビール
ビール
ビール
早くしろっ
休みの前には半人前が休んでるヒマあるのかって…
もしかしたら部長に嫌われているのかもしれません…
き…嫌われているって…
さすがにそんなこと子供じゃないんだし…
でも…
じゃあ社長はこれまでに上司に嫌がらせされたことありませんか?
え!?
まだできてないの?
ん?
遅いんじゃないの?
むむ…
あ…ある
ほら!
それとこれとは話が別で…
一緒です!
僕は部長に嫌われているんだ

って言われてしまって何も言えませんでした
私も新人時代はよく上司に嫌がらせを受けていたので…
気持ちはよくわかるんです
私の場合はデキすぎるせいなんですけど…
そうですか
……
その戸越さんの捉え方は気になりますね
そうなんですよ
部長は誰に対してでも厳しいんです
私も散々叱られましたから…
ガミ
ガミ
あなた社長ならもっと考えてもらわないと困ります
は…はい…
戸越くん繊細だからあんまり思いつめてほしくないんですよね…
社長である私がなんとかしないと
そうですね彼にだけ特別ではないと気づいてもらわないといけませんね

前回もフレームのところで少し触れましたが出来事自体は無色透明です
しかし人間は無意識に省略・歪曲《わいきょく》・一般化をしてかなり偏った解釈をしてしまう傾向があるんです！
だいぶ歪曲して捉えていますね…
嫌われているんだ
ちょうどいい
え
キュポン
今日はメタモデルを使った問題解決方法をお教えしましょう
メタモデル？
メタモデル
メタモデルとはコミュニケーションに「正確さ」を取り戻す方法です

以前 言葉によるコミュニケーションを行う際
伝えたい体験の多くが省略・歪曲《わいきょく》・一般化されて言葉になると説明しました
省略
歪曲
一般化
あれや
それや
これや
「極端な思い込み」がない「欠落のない情報（正確な情報）」は「深層部」にあります！
言葉
省略
歪曲
一般化
体験・経験
しかし言葉はこの表層部にすぎません
質問によって「欠落した情報」を取り戻し「極端な思い込み」を崩していくのです！
前回はミスコミュニケーションを防ぐという観点でしたが
今回はメタモデルを使って問題解決という観点で「正確な情報」を取り戻す質問です
問題解決かぁ
メタモデルは質問が英語の言語学的に分類した12パターンからなっているんです
たった12パターン！
楽勝ですね！
メタ
覚える必要はありませんよ
フフ…
実際の生活に文例どおりに相手が話してくれることは稀です
大切なのは暗記するよりも本質を理解していただくことです
本質

## 省略

**①不特定名詞**…何が？誰が？誰に？どこへ？など
具体的な指示内容等が省略されている。
**②不特定動詞**…動作がどのように行われたのか？
その具体的内容が省略されている。
**③比較**…比較対象が省略されている。
**④判断**…評価や判断基準が省略されたり、判断を下す人が明示されていない。
**⑤名詞化**…本来動きがある言葉（動詞）が、固定的な表現（名詞）になることによって意味がゆがめられる。

## 歪曲《わいきょく》

**⑥ X＝Y になる表現**…「美人は冷たい」など「美人（X）＝冷たい（Y）」
２つの文章が同じ意味になるように
つながってしまっている表現。
**⑦前提**…何らかの前提が隠されている。
**⑧因果**…ある原因がある結果を引き起こすと思い込んでいる。
**⑨憶測**…他人の気持ちや考えを十分な証拠もないのに決めつけている。

## 一般化

**⑩可能性を表す特定の助動詞**
…自らが限界を設定している（できる・できない・可能・不可能など）
**⑪必要性を表す特定の助動詞**
…自らが制約を設定している（すべきである・すべきでない・しなければならないなど）
**⑫一切の例外を認めない表現（普遍的数量詞）**
…いつも、みんな、誰でも、決して〜ない、一人も〜ない、など全ての可能性を肯定するか、否定するかをして一切の例外を認めない。

※ここでは、理解しやすいよう、メタモデルの項目はあえて一般的に NLP で使われている表現を崩しています。
正式な表現は 155、159、161 頁の表を参照してください。

こちらが12のパターンとなります
省略は抽象的な言葉がないかチェックします
歪曲はかたよった思い込みがないか

一般化は世界をシンプルに見ようとする意識が作り出す思い込みではないか
なるほど…

たしかにどれも普通だったら抜け落ちてお互い あいまいなまま会話が進んでしまうものばっかりだわ！
その場面に応じて質問することが大切なんです！
ただ 前回話したとおりメタモデルでも詰問《きつもん》になってはいけない！
ラポール
ペーシングによってラポールを維持することを心がけるようにしてください！
あくまでもラポールが大事なんです！
ラポールが築かれていないと言葉が届かないですからね！
そのとおりです
テクニックとしてのメタモデルが生きるかどうかは
キュッ
メタモデル
ラポール
キュッ
ラポールができているかにかかっています！

最近 呼吸や話すスピード行動など意識して合わせるようにしていますよ！
いい心がけですね
それでは 部下に心を開いてもらうためのラポールを築く簡単な方法をお教えしておきましょう！
簡単な方法？
「バックトラック（おうむ返し）」です！
バックトラック
おうむ返し？
バックトラックとは相手が話した内容をそのまま返すことです！
A
A?
Yes
YES（はい）をたくさん言ってもらうことによりラポールを深めることができるのです！
?
一度試してみましょう
バックトラックすると必ずYESとうなずきますよ

「はい」って言わされる…
なんか言いたくないな…
今日はどこから来たんですか?
むむ…
え…柴又の…家からですけど
柴又からいらしたんですね
!
は…
はい
どのくらい時間がかかりましたか?
さ…30分くらいです
30分かかったんですね
…ははい
どんな交通手段を使われたのですか?
JRと自転車です
JRと自転車でいらしたのですね
はいっ
これくらいにしましょう
パーン
少し時間が短いですが
今日吉さんから3回「はい」を取ることができました
言いました…
どんどん自然に「はい」と言えるようになっていった…
すごい…

「はい」と言うことは無意識レベルでは「受け入れる」という意味になります
はい
この人話聞いてくれてる
だからたくさん「はい」と言うことによって心が開かれていくのです
「はい」をたくさん言うと肯定的になる気がしますね
このように簡単な世間話などでバックトラックをしてお互いの心が開いてからラポールのある状態で
①やさしい表情と
②ゆっくりとした口調で
メタモデルの質問をするようにしてください！
おそらく戸越くんは部長さんに叱られて嫌われていると思い込んでいます
思い込みは特定のフィルターが作ってしまったものです
…
ただそのフィルターはなんらかの体験をもとに独自の解釈をしたにすぎません！

彼に思い込みだと
気づかせて
可能性を広げて
あげてください！
はいっ
GOOD DAY
ええ！
辞めるっ!?
ざわ
ざわ
ハッ
ちょっと
こっち来てっ！
ざわ ざわ
ぐいっ

社長室
どうしたのっ 何があったの？
これ以上 部長と働いていく 自信がありません…
調理場に行けっ
部長が今度は 僕が苦手な 調理場の仕事を させるんです…
苦手って…
出来事が 歪曲《わいきょく》されてる
部長は そんな人じゃ ない…
歪曲を メタモデルで 問題を解決 しないと…
まずは バックトラックで ラポールを築く
笑顔で…
調理場で 仕事を させられたの
はい
にこっ
調理場は 大変だった？
はい
何が大変 だった？
ブーン…

こーんなよ
こーんな
ははは
大ゲサですよー
笑顔が増えてきた
だいぶラポールも築けてきたかな
たぶん彼は今メタモデルの憶測の状態
歪曲《わいきょく》
憶測
…他人の気持ちや考えを、十分な証拠もないのに決めつけている。
どんどん悪い方向に考えがめぐっていってる
私がなんとかしないと
はは…
ごく…
ところで戸越くん
はい
部長に嫌われたってどうしてわかるの？
精一杯の笑顔→
ヒク…
え

だから…
苦手な調理場で
仕事をさせるんです
スーパーにおいて
調理場の仕事を
任せることが
罰ということに
なるのかなぁ
え…
……
そもそも部長は
あなたが調理場の
仕事を嫌いだって
知っているの？
ぐっ…
そ…
それは…
戸越くん
ビクッ
部長があなたのことを
嫌っているっていうのは
あなたの思い込みじゃ
ないかしら

思い込み…
ドタドタドタ
バタン
戸越っ
ビクーッ
ギャー!!
おまえ 辞めるって言ってるらしいな
ゴゴゴ
ぶ…部長 ちょっと待って
ガタッ
ガッ
!
戸越
辞めるなんて言わないでくれっ!
みんなと一緒に店を良くしていこうじゃないか!
え
でも僕 怒られてばかりですよ?

それは君にだけじゃない
私もよく怒られました
テヘ☆
社長もっ!?
今この店は変わり始めているそれは君も感じているはずだ
だから私は従業員みんなが最高のサービスを提供できるようにしたい
各部署で仕事を体験してもらっているのもその一環だ
そうだったんですか…
言ってくれないとわかりませんよ
嫌がらせだと思ってました
そんなわけないだろ!!
ハハ…
そうですね僕の思い込みでした
それじゃあ…
お騒がせしてすみません
期待に応えられるように頑張りますっ
これからもよろしくお願いします
GO
DAYS
よかったあ

# ネガティブな思い込みを崩すメタモデルとは？

# 01

## 天才セラピストの言葉の使い方（メタモデル）

ＮＬＰにはメタモデルという手法があります。これは簡単に言うと「特定の質問によりネガティブな思い込みを崩す手法」です。ＮＬＰの創始者リチャード・バンドラーとジョン・グリンダーによって開発された最初の手法です。

メタモデルの開発は、１９７０年代当時極めて実践的な心理療法だと知られていたゲシュタルト療法の創始者フリッツ・パールズと天才的な家族療法家として名を馳せていたバージニア・サティアの二人の言葉の使い方に着目することから始まりました。

彼らは別々の心理療法を使っていましたが、彼らが使う言葉の使い方は共通点が多かったのです。彼らはストレスを抱えて苦しんでいるクライアントに特定の質問をし、それにクライアントが答えていくうちに次第に問題が解決されていったのです。

しかし、多くの天才的なセラピストと同様に、パールズとサティアもクライアントを目の前にして、直感的に必要だと思った関わりをその場その場で行っていることも多く、自分達が使っている言葉の使い方にどんな法則があるのかを十分に理解しているわけではありませんでした。

そこで、バンドラーとグリンダーはパールズとサティアが使っていた一連の言葉の使い方を、誰にでも応用できるように英語の言語学に基づく12のパターンでシンプルにまとめました（127頁参照）。それがメタモデルです。

## ⇩メタモデルはストレス解消や問題解決に役立つ便利な処方箋

このように、もともとセラピストがクライアントを癒すために使った言葉を体系化したものですから、メタモデルの一連の質問は問題解決（ストレス解消）に役立ちます。

もちろん、重度で根深い問題の解決は、もう少し専門的に学ぶ必要がありますが、日常の職場、家庭などで起こるストレスに対してであれば、この本の内容で大いに効果を発揮します。

セラピストの言葉の使い方と聞くとちょっと難しそうだと感じるかもしれませんが、ここまでこの本を読んで来た人には十分に理解できるはずです。なぜなら、メタモデルの根本的な考え方はすでにここまででお伝えしてきたからです。それは、**省略・歪曲《わいきょく》・一般**

**化された情報を元に戻す**ことです。

実はメタモデルには、おもに「ミスコミュニケーション防止」と「ストレス解消（問題解決）」の２つの効果があり、Ｐａｒｔ２までは「ミスコミュニケーション防止」という観点に特化してメタモデルを扱っていたのです。Ｐａｒｔ３、４ではストレス解消や問題解決に役立つコミュニケーション法としてのメタモデルを扱います。

## ⇩何が問題（ストレス）を作り出すのか？

94頁で、「３歳になるマリコが椅子から転げ落ちて床でヒジを打った」という状況を「マリコが事故にあった」と母親が言ったらどうなるか、どうすれば正しい状況が伝わるかという例を紹介しました。そこで、省略されたり、歪曲《わいきょく》された内容を正していく質問を投げかけた上で、「事故と言うほどのレベルですか？」と質問すれば、動転した母親も冷静になれると説明しました。

この例は少々極端ですが、多かれ少なかれ、私達は自分の体験を省略・歪曲・一般化して頭で（言葉で）理解するプロセスで実際の出来事（体験のレベル）を独自の解釈で捉えてしまうのです。**この独自の解釈が極端にネガティブになる場合に「問題」だと感じてしまうことになる**のです。

何億という貯金があるにもかかわらず、将来に対するお金の不安で一杯な人がいる反面、貯金が全くないにも関わらずお金の不安がない人もいます。「貯金が全くない」という状況が不安な人は、ありのままにその状況を見ているのではなく、過去の体験から学んだ経験を被せて見ているのです。

ここであらためて１０５頁の図を見てください。

**出来事そのものはいつでも無色透明で価値は決まっていない**のです。例えば、同じ犬を見ても、犬恐怖症の人は恐ろしいと感じるのに対して、犬が大好きな人は嬉しいと感じるのです。**状況は全く同じですが、反応（症状）が違います。この反応（症状）がネガティブな感覚を伴っている時に問題だと実感するのです。**

# 本当の問題はどこにあるのか

02

## 問題を作るのは出来事ではなくビリーフ（観念・価値観）

ここで、問題の本質についてもう少し理解を深めていきます。

**「出来事そのものはいつでも無色透明で価値は決まっていない」**ということについて、もう少し考えてみましょう。

犬の事例で考えると、同じ犬を見ても反応が違うということは、**反応の違いを作り出しているのは、犬そのものではなく、反応するそれぞれの人間の側にある**ということです。人間は体験によってプログラムを作り出し、そのプログラムどおりに反応するようになります（プロローグ参照）。これは、いつでも外側の世界にどのように反応するのかはプログラムが決めるということを意味するのです。

大切な所ですので事例を追加しておきます。

例えばあなたは「結婚」という言葉を聞いてどのように反応するでしょう。「肯定的に感じる」「不安を感じる」「何も感じない」、それぞれいることでしょう。では、この三者の違いを作り出しているのは何でしょう？

言うまでもなく価値観（観念・ビリーフ）です。

では結婚に関する肯定的あるいは否定的な価値観は生まれつきなのでしょうか？

少し考えただけでこれらは後天的に身につけたものだということがわかるでしょう。価値観も生まれつきのものではなく、体験や繰り返し教えられた言葉によってできるものですのでプログラムということになります。

## ⇩問題はネガティブな身体感覚的反応がある時に実感するもの

さて、私達が頭の中で問題を抱えて苦しむ時、同時に身体で「苦しみ」を感じていることをご存知でしょうか。

私が研修講師としてデビューして間もない頃、研修後のアンケート結果でネガティブなフィードバックが書かれていると憂うつな気持ちを味わうことがありました。

現在でもたまにネガティブなフィードバックをいただくことがありますが、そこに反応することはありません。「なるほど、こういうものの見方をされる方もいらっしゃるんだ」と冷静に見ている自分がいます。冷静に見ているということは、「身体感覚的な反応はない＝ニュートラル（おだやか）」ということになります。新人時代の私と、今の私では同じアンケート結果を見ても反応が違うのです。反応はそれぞれ「憂うつな気持ち」と「ニュートラル（おだやか）」ということになりますが、どちらも頭で考えるものではなく、身体で感じるものだとわかります。私の場合「憂うつな気持ち」は胸のあたりで感じます。同じ「憂うつな気持ち」でも、肩、あるいはお腹で感じるという人もいます。

新人時代はネガティブに反応していたのでおおごと（問題）だと感じていましたが、現在では同じことが起きても身体感覚的反応がないので問題だとは感じられないのです。

ここで明らかになるのは**問題とはとても主観的なもの**だということです。

## ⇩問題が解決されたかどうかは身体感覚の変化で計られる

ＮＬＰには「恐怖症の迅速治療（フォビア）」という手法があり、それを行うと短時間でたいていの恐怖症は克服できます。例えば犬恐怖症だった人は犬を見ても怖さが無くなる、つまりただ冷静に犬を見ている自分となるのです。恐怖症を解決することも問題解決ですが、それがうまくいったかどうかの判断は、特定の状況で身体で感じる感覚が変化したかどうかで計られるのです。このように、**問題が解決されたかどうかは「身体で感じる感覚（反応）の変化」が決め手となる**のです。

※フォビアの具体的方法など詳細は『ＮＬＰの実践手法がわかる本』（小社刊）参照。

## 問題を作り出すプロセス

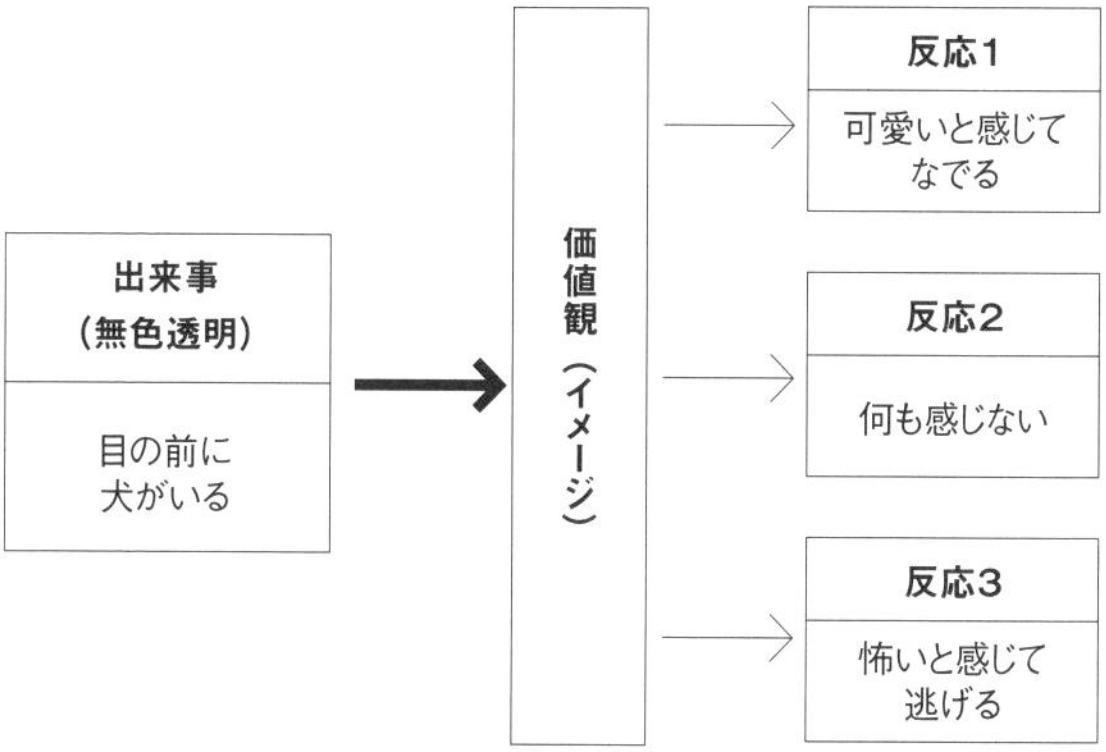
出来事
（無色透明）
目の前に
犬がいる
価値観（イメージ）
反応1
可愛いと感じて
なでる
反応2
何も感じない
反応3
怖いと感じて
逃げる

**価値観などのプログラムは**
**①強い体験（インパクト）**
**②繰り返される言葉（回数）**
**によって作られフィルターとなる**

**→ 否定的に感じる問題は、主観的なものであって、事実ではない。**

**●問題が解決されたか否か確かめる方法**

身体感覚（反応）によって、確かめることができる。

例

目の前に犬がいる → （解決以前）怖いと感じて逃げる
↓
（解決後）冷静に、犬がいるなぁと感じるだけ

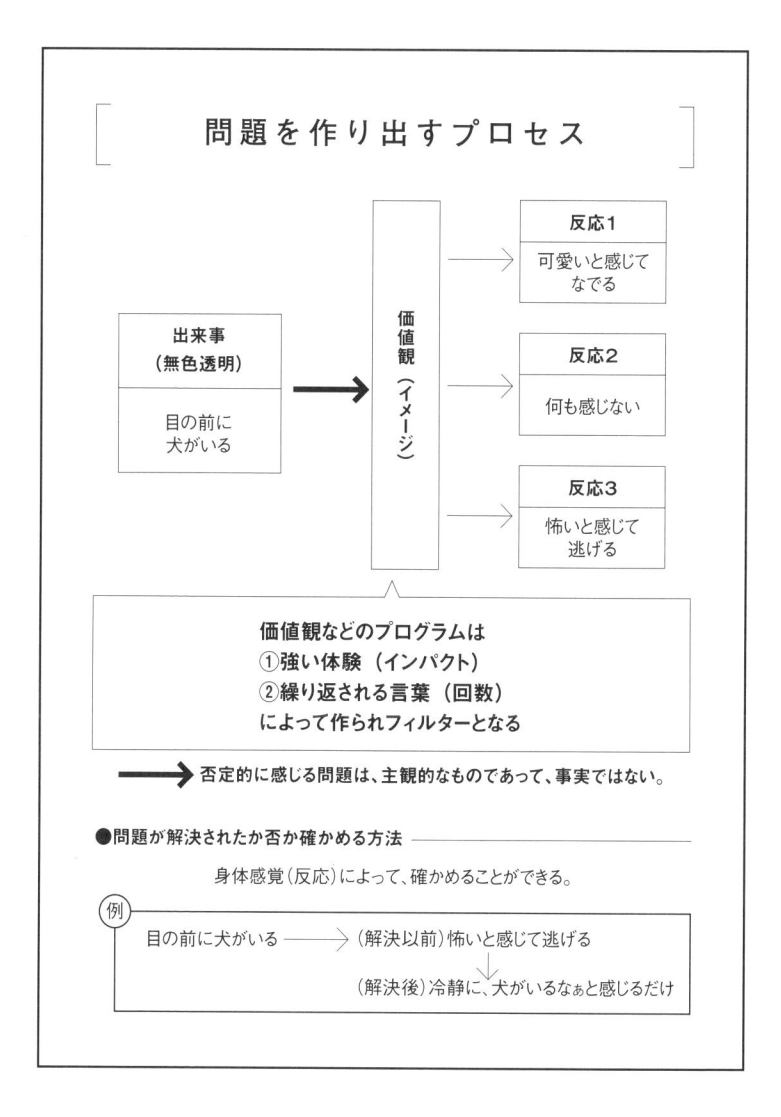

# 03 問題解決の２つの方向

## 価値観と真実

私の新人研修講師の頃の事例を紹介しましたが、その頃の私と現在の私の反応の違いは、研修後のアンケート結果に被せているイメージの違いと考えることができます。新人研修講師の頃の私は実績も無く、「他人からの評価が自分自身の価値を決定する」と強く信じていました。ですから、アンケート結果が良ければ有頂天になり、悪ければひどく落胆することになったのです。

「他人からの評価が自分自身の価値を決定する」は価値観であって真実ではありません。ネガティブなフィードバックが書かれたアンケートをいただいた研修でも、ほとんどの人は良い評価を下さっていたからです。同じ研修を受講していた方でも、「話すのが速すぎる」と書く人がいる反面「ゆっくりとしたペースで聞き取りやすかった」と書く人もいるのです。つまり、フィードバックは各受講生の極めて主観的な好みであり、真実ではないのです。

今ではそのことをよく理解できているので、自然と客観的なデータとして見るようになっています。よって、アンケート結果に落胆することはありません。

## ⇩イメージ（色眼鏡）をどう扱うのか

**問題の原因は「出来事そのもの」にあるのではなく、「出来事に被せているイメージ」の方にある**のです。先ほどの例だと、アンケート結果自体が問題なのではなく、それをどんな価値観（イメージ）を被せて見るかによって反応が違ってきます。**その反応がネガティブな身体感覚（「苦しい・辛い」など）を伴っている時に問題だと感じることになる**のです。

ですから、**問題解決は必然的に2つの方法に集約できます。**

それは**「①出来事に被せているイメージをネガティブなものからポジティブなものへ変える」**か、**「②イメージそのものを緩和してありのままの無色透明な出来事に近づける」**かです。①に関しては、「否定的なイメージを作り出す色眼鏡」を「肯定的なイメージを作り出す色眼鏡」にかけ直すようなものです。②に関しては「色眼鏡自体を外すこと」だと考えればいいでしょう。

## メタモデルはありのままの出来事に戻すことによる問題解決法

149頁の図Aが**「①出来事に被せているイメージをネガティブなものからポジティブなものへ変える」**です。この図の出来事に被せているイメージの正体は解釈（意味づけ）で、解釈を変えることによりネガティブな反応をポジティブな反応に変えていますね。

このように解釈を変えることによる問題解決法をリフレームと言います。

一方図Bでは**「②イメージそのものを緩和してありのままの無色透明な出来事に近づけ」**ています。すでにお伝えしたとおり**「出来事に対する解釈」は「ありのままの体験」を省略・歪曲《わいきょく》・一般化して頭で（言葉で）理解するプロセスで起こるのです。その解釈が極端にネガティブになる時に「問題」だと感じられる反応を引き起こすのです。**

裏を返して言えば、省略・歪曲・一般化を正すことができれば、限りなく「ありのままの体験」に近づくことになり、その結果問題だとは感じられなくなるのです。度々お伝えしたように「ありのままの体験」はいつでも価値は決まっておらず無色透明（ニュートラル）だからです。したがって、メタモデルは「色眼鏡自体を外すこと」による問題解決法だと言えます。

## 問題の原因は出来事に被せているイメージにある

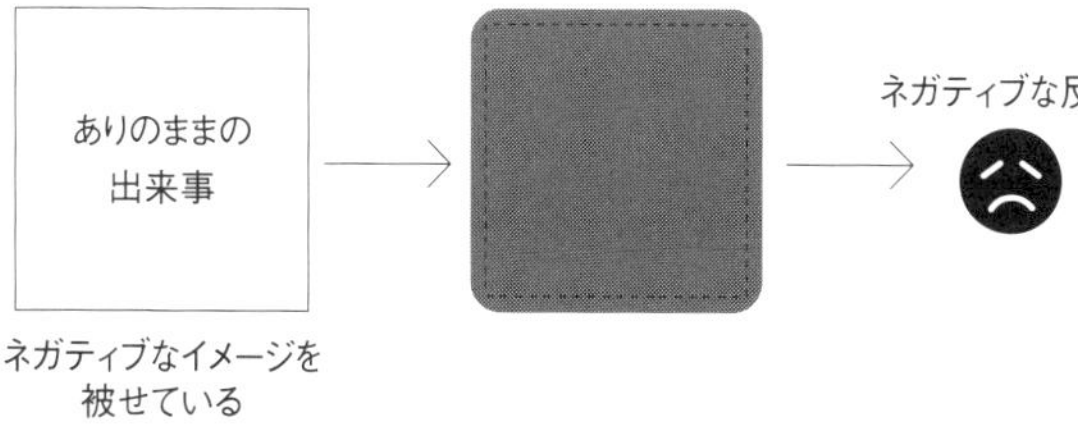
ありのままの
出来事
ネガティブな反応
ネガティブなイメージを
被せている

**2つの問題解決方法**

**図 A**

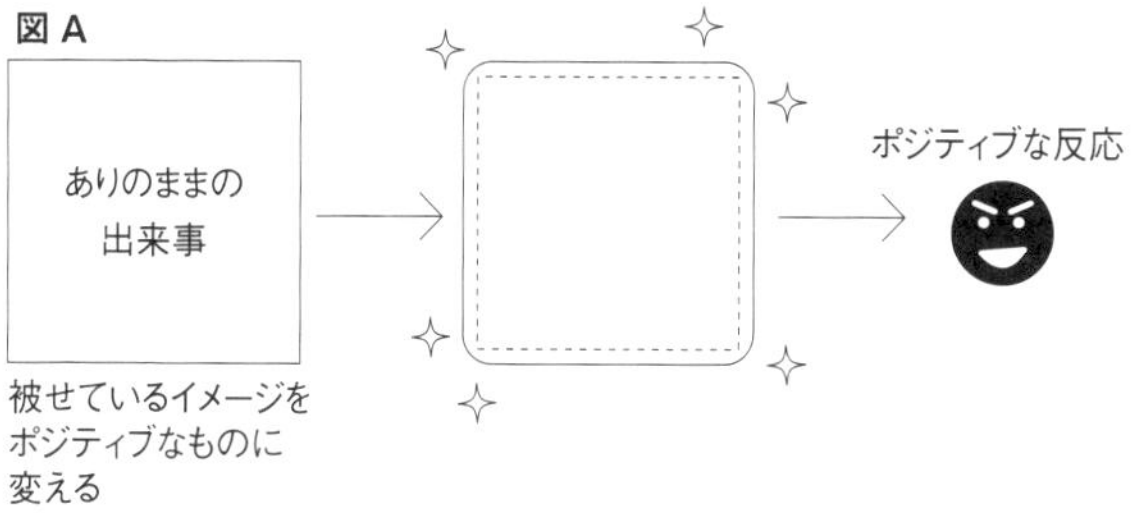
ありのままの
出来事
ポジティブな反応
被せているイメージを
ポジティブなものに
変える

**図 B**

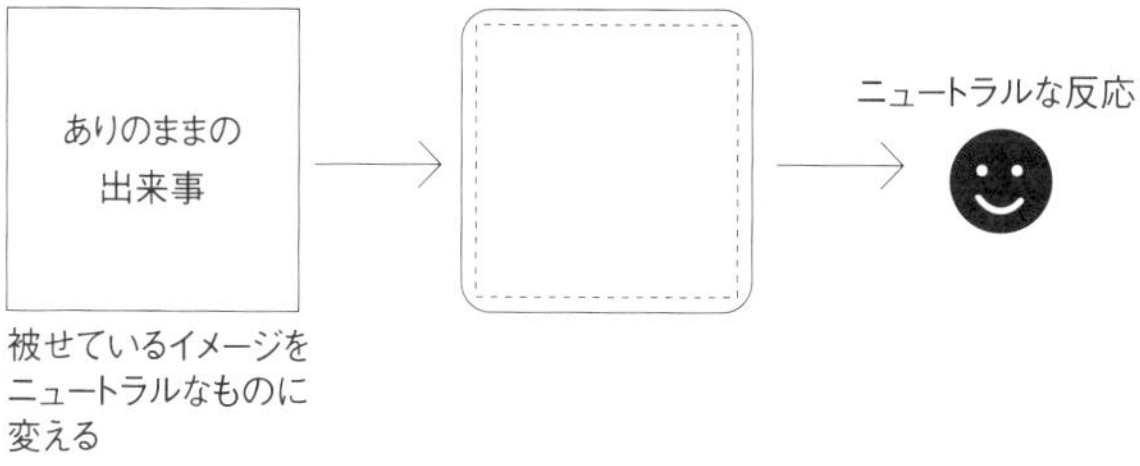
ありのままの
出来事
ニュートラルな反応
被せているイメージを
ニュートラルなものに
変える

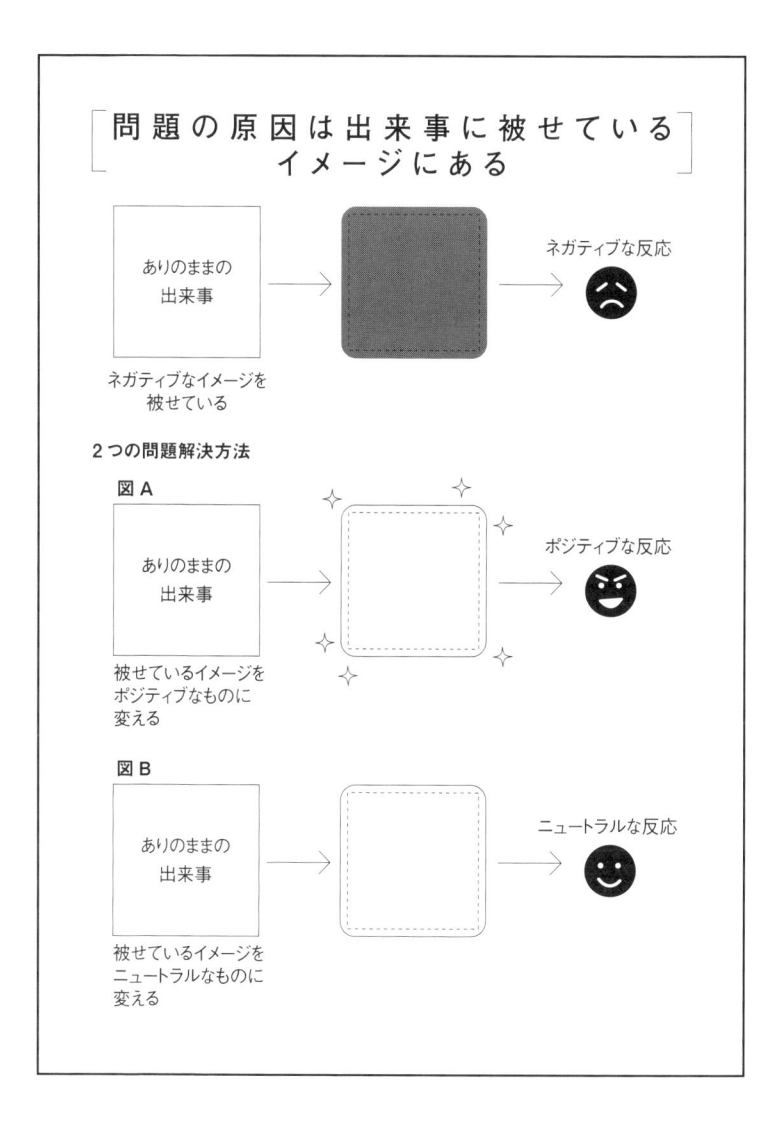

# メタモデルを使う前に知っておきたいこと

04

## 「メタモデルの質問」はあくまで戦術

「戦略・戦術」という言葉があります。戦略は広く全体図をとらえた上での攻略理由と攻略の方向性を決定するものです。それに対して戦術は現場での具体的な戦い方（働き方）を指します。私の経験上、いわゆる仕事ができる人は事業の全体を俯瞰した上で個別に何をどのようにすべきかがつかめています。その結果、動きに無駄が無いし、現場で質の高い行動が取れるのです。

ＮＬＰにおける問題解決やセラピーについても同じことが言えます。上手にＮＬＰを使える人は戦略レベルで問題やセラピーの本質をつかんでいます。だからこそ、どのポイントに何を投入すればいいのかが瞬時にわかるのです。そもそも問題そのものの理解がなければ、何をどう解決すればいいのかがあやふやなまま行動（戦術）を取ることになります。

メタモデルも同様です。メタモデルの質問をすること自体は具体的な言葉の使い方を意味しているので戦術レベルです。しかし、私の指導経験上その部分（戦術部分）だけ学んでも上手に使えないし、なかなか上達しない人が多いのです。

ですから、この章でここまで説明した「問題の本質」と「２つの対処法」の理解が重要なのです。それが理解できるとメタモデルだけでなく、その他のＮＬＰの手法やＮＬＰの枠を越えてあらゆる問題解決手法すら上手に使えるようになるのです。

## ⇩メタモデルのキモは省略・歪《わい》曲《きょく》・一般化の理解

この本では、しつこいくらいに省略・歪曲・一般化を扱ってきました。それは、この３つのプロセスを徹底的に深めると、それだけでこれまで問題だと思っていたことが問題だと感じなくなることが多いからです。新しい考え方が定着して世界の見え方が変わるからです。これが「身につく」ということです。

スキルをたくさん羅列するだけだと、印象が薄くすぐに忘れてしまいます。これも私の指導経験上確信していることですが、多くのスキルを覚えるよりも、少ないスキルを徹底して深めていった方が現場では役立ちます。

例えば、メタモデルはパールズとサティアが使っていた言葉の使い方を12パターンに分類したものだと説明すると、それを覚えようと躍起になる人もいます。しかし、その前に人間の体験を言葉に翻訳する（頭で考える）際に省略・歪曲・一般化が起こるということに今一度意識を向けてもらいたいのです。それがわかっていたら、直感的に何を質問すればいいのかがわかるものです。

## ⇩人間は世界をシンプルに理解したがる

省略と歪曲《わいきょく》はＰａｒｔ２まで繰り返し扱ってきました。ここでは新しく**一般化**を扱います。

**まず一般化は「部分を全体につなげる」と理解してください。**これは特定の分野での極端な体験が、それ以降のその分野での全ての体験の仕方を決めることを意味します。犬恐怖症がそうですね。いったん犬にかまれると、自分をかんだ犬に恐怖を感じるだけでなく、世界中の全ての種類の犬が怖くなるのです。あらゆる恐怖症は一般化です。また、私達にとって最も身近な一般化は価値観（観念・ビリーフ）です。

価値観の正体は体験を抽象化してシンプルな法則として信じていることです。特定の価値観ができると、自動的にその価値観を基盤として、起こる出来事を解釈するようになるのです。すでに、私達の理解は過去の体験（記憶）が基盤だとお伝えしていますね。価値観はかつて体験したものを公式化したものですから古い枠組みなのです。

このように、**人間は全く新しい出来事すら、自動的に（無意識的に）価値観という**

**古い枠組みで理解しようとするため、価値観という枠を大きく超えた出来事が起こると苦しむことになる**のです。

ですから、**メタモデルの一般化に関する質問により、価値観が真実ではなく思い込みに過ぎないということが実感できたら楽になる**のです。これは、自分を縛っている制限を取り除き可能性を広げることにも大いに役立ちます。

私はもともとコンサルティング会社に勤めていました。その会社で講師になるには極めて過酷なトレーニングを何年も積まねばならず、それを経てきた研修講師の技量は驚愕するほど高く、私は「研修講師には絶対なれない」と思っていました。

今では年間１２０日以上研修講師として活動するようになりましたが、それは「研修講師には絶対なれない」という「価値観＝一般化＝思い込み」が崩れたからです。その会社を退職してから、受講した研修の講師がさほど上手ではないにも関わらず、多くの受講生が満足している様子を見て、「講師とは極めて技量が高くなければならない」という価値基準が緩んだのです。

このように、一般化は「絶対～」「誰でも～」「いつでも」などや「～でなければならない」「～であるべき」のような**「例外なく全てにあてはまる表現」**とともに使われます。

# 05 ネガティブな公式（一般化）を崩す質問方法

## ⇩一般化の3パターン

一般化に関しては左頁の3つのパターンがあります。**どれもポイントは思い込みに気づかせてあげることです。**かつて私は「研修講師には絶対なれない」と思っていたと書きましたが、それは可能性の叙法助動詞ですね。NLPを学んだ人がいたら「何がそう思わせているの？」と投げかけてくれたでしょう。その結果私の中にある「レベルの高すぎる研修講師像」が明らかになり、その思い込みを崩せたかもしれません。**通常頭の中でできないと思っていたら、行動には結びつかないのです。**そういう意味でこの手法を知っているだけで可能性が広がるのです。

普遍的数量詞は「誇張する」ことで思い込みに気づかせます。「最近の新入社員は皆礼儀がなっていない」だったら、「みんなですか？」「一人の例外もなしにですか？」と誇張して問いかけることによって、思い込みに気づくきっかけとなります。人間は一般化して白黒ハッキリさせて世界を理解しがちなので、それを崩すと可能性が広がります。

## 一般化のパターンとそれを崩す質問方法の例

| 種類 | 事例 | 質問方法 |
|---|---|---|
| **可能性の叙法助動詞**<br>（自らが限界を設定している）<br>・できる<br>・できない<br>・可能<br>・不可能 | 「私にはリーダーシップは発揮できない」<br>「人に物を売る仕事はできない」<br>「メタモデルの項目は覚えられない」 | 「何がそれを止めてるの?」<br>「もし、できたとしたら?」 |
| **必要性の叙法助動詞**<br>（自らが制約を設定している）<br>すべきである<br>すべきでない<br>〜しなければならない<br>〜してはいけない | 「初対面の人には優しくしなければならない」<br>「英語で意思疎通できるようになるべきである」<br>「社長はあらゆる面で模範的でなければならない」 | 「もし、そうでなければどうなるの?」<br>「もし、そうしたらどうなるの?」 |
| **普遍的数量詞**<br>（一切の例外を認められない表現）<br>・すべて<br>・みんな<br>・誰でも<br>・決して（ひとりも）〜ない | 「私は部署のみんなに嫌われている」<br>「誰も私を評価してくれない」<br>「あなたは、いつも時間に遅れるんだから」 | 「みんな?」<br>「あらゆる?」<br>「いつも?」<br>「すべて?」<br>「ひとつも（決して）〜ない?」 |

# 06 色眼鏡（歪曲）に気づく質問方法

## ⇩ 問題解決の第一歩は価値観と自分を切り離すこと

Ｐａｒｔ１でもお伝えしたように、歪曲《わいきょく》は偏った価値観などによって事実が歪められている状態です。ということは歪曲もメタモデルの質問をして原体験（もともとの体験）のレベルに近づけると、価値観などの思い込みに気づくことになるのです。

**価値観に気づくと価値観と自分を切り離し、冷静さを取り戻せるようになります。**

**通常私達は価値観などが作り出すイメージを被せて世界を見ているなんて意識はありません。この場合は価値観と完全に同一化しています。**例えて言うと、赤い色眼鏡をかけているにも関わらず、そのことを忘れていて「世界はもともと赤いんだ」としか思っていないような状態です。世界が赤いのは真実で、思い込みだとはつゆ思えないのです。それが価値観に同一化した状態です。

このように価値観に同一化していると、その価値観が作り出す基準を満たさない出来事があるとイライラすることになります。

怒りを感じた時に、すぐに「相手が悪い」と腹を立てがちですが、どの価値観がその怒りを作り出しているのかと自問自答して、出てきた価値観にメタモデルの質問で崩すと楽になります。メタモデルは他者に対して、思い込みを崩すような問いかけをしてあげるだけでなく、その原理がわかっていたら先ほどの事例のように自問自答して自らの思い込みを崩すことにも役立てられるのです。

どちらの場合も以下の２つのステップで行います。**①価値観と相手（あるいは自分）を分離する。**その上で**②その価値観を疑うような質問を投げかける**ことです。ここでのポイントは１４５頁の図を思い出して価値観は出来事に被せたイメージ（フィルター）であって色眼鏡に過ぎないということを深く理解しておくことです。

## ⇩色眼鏡に気づく質問（メタモデル歪曲）

メタモデル歪曲には４つのパターンがあります。この４パターンは隠された価値観（観念・ビリーフ）を掘り起こすという観点で有効です。まさに価値観は「かけていることを忘れている色眼鏡」なのです。

営業の仕事をしていた頃、私の後輩のひとりが「自分は気が弱いから営業に向かない」と信じていました。彼の中のセールスパーソンのイメージは図太く大らかな人間だったのです。そこで、「『気が弱い』ということが本当に『営業に適さない』ということになるのかなぁ』と優しく問いかけました。しばらく彼は自問自答して考えていて、さらに「気が弱くて成功している営業マンは一人もいないの？」と一般化の普遍的数量詞に関する質問を重ねました。すると、私の名前を挙げて、例外もあると認めたのです。私もどちらかというとおとなしい感じのイメージがあったからです。

その上で繊細な神経があるからこそ、お客様の気持ちを察することができるなど利点がたくさんあることを素直に受け入れ自信を持つことができ、高い売り上げを上げることができるようになったのです。

このように、「歪曲」も「一般化」も思い込みが作り出していることがわかります。よって、思い込みを崩す際は両方のメタモデルの質問を重ねて使うと効果的です。

## 歪曲のパターンと それを崩す質問方法の例

| 種類 | 事例 | 質問方法 |
|---|---|---|
| **等価の複合観念**<br>（X＝Y になる表現） | 「笑いながら働く（X）＝不真面目（Y）」<br>「美人（X）＝冷たい（Y）」<br>「気が弱い（X）＝営業に向かない（Y）」 | 「どうして X が Y を意味するの?」 |
| **前提**<br>（何らかの前提が隠されている） | 「社会的地位の高い企業は顧客を大切にする」<br>「最近の新入社員はわがままだ」 | 「何があなたをそう思わせたの?」<br>「どうしてそう信じたの?」 |
| **因果**<br>（ある原因がある結果を引き起こすと思い込んでいる） | 「信頼できる上司がいないと、私はダメになる」<br>「自分より優れた人がいると、実力を出せない」 | 「なぜ X が Y の原因になるの?」 |
| **憶測**<br>（他人の気持ちや考えを十分な証拠もないのに決めつけている） | 「彼は私を見捨てたんだ」<br>「私は多くの人から信頼を失った」 | 「いったい、どうしてそれがわかるの?」 |

# 隠された情報（省略）を引き出す質問方法

# 07

## ⇩内容に合わせて質問を変える

省略に関しては、ミスコミュニケーションを防ぐという観点でも大切な質問を多く含んでいます。特に「不特定名詞（抽象的な名詞）」と「不特定動詞（抽象的な動詞）」がある場合は、その内容を具体化することにより、相手と自分の頭の中にあるイメージを一致させることができます。「比較」と「判断」に関してはこれも思い込みを崩すことに役立ちます。

例えば、私のＮＬＰの受講生に京都大学の学生がいました。その人は、受験時にセンター試験で１７０点（２００点満点）得点したにも関わらず英語に苦手意識を持っていて驚いたことがあります。他の科目に比べて得点が低く足を引っ張っているため、入学後も苦手意識を引きずっていて英語に自信がなさそうでした。

そこで、メタモデルの質問で比較対象を明らかにしました。「何と較べて？」と聞いたところ、高すぎる基準を全ての科目に持ち苦しんでいる構図が浮き彫りになりました。そして、自分の思い込みで作った苦手意識の箱の中から出るきっかけとなったのです。

## 省略のパターンと
## それを崩す質問方法の例

| 種類 | 事例 | 質問方法 |
| --- | --- | --- |
| **不特定名詞**<br>(具体的な指示内容等が省略されている) | 「意見の相違だ」<br>「間違いは起こってしまいました」 | 「具体的に言うと?」<br>「誰が?」<br>「何が?」 |
| **不特定動詞**<br>(動作がどのように行われたのか?その具体的内容が省略されている) | 「彼はいつもすばらしい影響を与えている」<br>「彼女は私と距離を置いている」<br>「クライアントは私の話を聞いていない」 | 「具体的に言うと?」<br>「どのように?」 |
| **比較**<br>(比較対象が省略されている) | 「努力不足だ」<br>「彼の方がまともだ」 | 「何と較べて?」 |
| **判断**<br>(評価や基準が省略されたり、判断を下す人が明示されていない) | 「あなたは図太い人だ」<br>「本場アメリカのトレーナーはすばらしい」<br>「人に頼るのは弱い人がすることだ」 | 「誰が決めた?」<br>「何を基準に?」<br>「誰の判断?」<br>「どのような理由で?」 |
| **名詞化**<br>(本来動きがある動詞が、固定的な表現になることにより意味が歪められる) | 「上司との人間関係に問題がある」<br>「教育の充実が国政の基礎である」 | 「誰が?」<br>「どのように?」<br>「何について?」 |

Column 4

# 無意識は「現状維持」が好き!?

無意識には安全安心欲求があり、そのためプログラムができます。ですから、あなたがこれまで身につけてきたプログラムはあなたを守っているということになるのです。しかし、そのプログラムはあなたを守る反面、あなたを制限することもあります。そういう自分自身に窮屈さを感じた時に変化したいと望むのです。

例えば、父親との関係がぎくしゃくすると、無意識は「父親＝危険」とみなし、父親と父親のようなタイプの人に対して強烈な苦手意識を持つことになります。すると会社の上司や父親に似たタイプのクライアントなどとの人間関係がぎくしゃくしたりするのです。そして、父親タイプの人を受け入れられない自分自身に嫌悪感を感じて、変化を望むかもしれません。

しかしながら、無意識は危険とみなした父親タイプの人に近づかなくて済むように自分を守っているので、このタイプの人に心を開こうと考えれば考えるほど、身体（無意識）が抵抗することになります。

今のあなたは、これら無数のプログラムが作り出した安全安心のシステムそのものなのです。ですから、あなたの中にあるプログラムは現状維持を望んでいるのです。多くの人が変化を望み、その欲求に応える形で世の中には様々な自己変革に関する本が出回っています。しかし、これらの本を読んでもなかなか変わらない人が多いことも事実です。なぜなら無意識が、「今の自分」こそが長年に渡って作り上げた洗練された安全安心のシステムそのものだと認識し、頑なにそれを守っているからです。Part 5ではこれらのプログラムとそれが作り出す現状維持のシステムの性質をよく理解した上で、変化を作り出す適切な考え方を提供したいと思います。

ビク
杏里
今のお前だ！

「省略」「歪曲」「一般化」された情報を元に戻すことによって問題が解決される！

## Part 4

# 八方ふさがりの頭の中を解きほぐす発想法

Part４で学んだメタモデルのうち、
「省略」のひとつである名詞化を学びます。
思考が行き詰った時に役に立つ発想法で、
自分自身の問題を解決する際に役に立ちます。

ザワ
ザワ
米・小麦粉
麺類
「力不足」は
誰のせい？
Story 4
こんにちは！
安いよ！大売り出しですよ！
社長 今度のセールの値引き商品 決めてくれましたか？
あ…！もちろんすぐやるわ！
わい わい
これがうちの店…
社長 パートの面接の人が来ています！

社長
新製品ですが棚のレイアウト変更どうしますか？
ああ…
ちょっと忙しいからあとでいい？
いつもの感じでいいならやっておきますが
いや 大丈夫 私がやるわ！
それ 力入れてる商品だから考えてディスプレイしたいの
そうですか…
あなたは自分の仕事に集中して！
は…はぁ
社長 お客様からクレームの電話が入ってます！
わかった すぐ替わるわ！
社長 そんなことまで…
疲れたっ！
ドタンッ
皆のおかげでお店が繁盛するのは嬉しいけど…
次から次へと課題山積ね…

父ちゃんはもっと上手くやっていたような気がする…
もしかしたら私…
力不足かも…
どうした？杏里らしくないぞ！
よう
父ちゃん!!
いつ退院したの？
もう体は大丈夫？
ああ見てみろ！
こんなこともできるぞ！
おいどうだ！
だったらもういいかな
父ちゃん社長に戻ってよ…

娘はどうだ？

頑張ってますよ
店は繁盛しているし社員達はお前のことを社長として認めているようだが？

いや…私はここが限界っぽいの…

どうしてだ？

これまではなんとか社員パート一丸となって父ちゃんのスーパーができるように頑張ってきたんだけど…

いざお客様が増えると課題が山積してキャパシティを超えちゃって
お店は全然回らないし…私の力不足でみんなに迷惑かけてる…

……

「名詞化」だな…

え？

めいしか？

実は父ちゃんも新妻さんからNLPの講義を受けたんだ！

えっ！そうなの!?

今のお前は ありのままの体験（無色透明な体験）が省略・歪曲《わいきょく》・一般化されることにより
極端なイメージを被せて ネガティブな反応をしているぞ！

「課題山積」

「（私は）力不足」

……

あの父ちゃんが省略・歪曲・一般化って言ってる…

この問題を解決するポイントは表現をほぐすことだ
今日はわしが講師だ
表現をほぐす？

言語表現の問題じゃないわ！

問題は現実で起こっていることよ！

それはどうかな

体験は言語化され
言葉として
意味づけられ
理解される
そして
いったん言葉化されると
今度はその言葉が
体験を支配するんだ!
A
体験
例えば
高所恐怖症の人は
高い所で
恐怖体験がある
キャー
助けてぇ
ゴオオ
ギィ
ギィ
うっ…
イヤな
思い出が…
その結果
高い所は怖いものと
レッテルを貼ってしか
高い所を見なくなる!
確かに…
あれ以来
高い所は嫌い!
つまり極端に
ネガティブなイメージを
被せて 世界を見ている
ことになり
無色透明な出来事も
イメージのほうを
現実だと認識する
ことになる!
オオッ!
イメージ
それじゃあ 人間は
世界をありのままに
見ることができない
ってこと?
ガタ
ガタ
座ろう
そのとおり!
ただ 良い面もある
シンプルに物事を
とらえることで 混乱
しなくてすむんだ
それが学習
というものだ!
学習?
どっこいしょ

公式化＝一般化
学習とは「公式化＝一般化」のようなもの！
犬
ナデナデ
危険
グン グン
キャアア
何かしらの体験をすると
その体験を活かすべく言語により公式化し
危険＝犬
次にそれを体験する時にその公式どおりに反応する
過去の経験を活かして効率的に考えることができるってことは
無駄を省くことができるってことだ
同じ失敗をしない
高所恐怖症の私が過去の体験から二度とそれに近づかないのは
過去の学習を活かしているってわけだ！
しかし好ましくない形で「省略」「歪曲《わいきょく》」「一般化」が起こってしまう場合に
省略
ネガティブな捉え方をしてしまい苦しむこともある
歪曲
一般化
ビク
杏里 今のお前だ！

「省略」「歪曲」「一般化」された情報を元に戻すことによって問題が解決される！
それがメタモデルの質問の意義
特に名詞化はやっかいで多くの問題を作り出す
……
そして名詞化の解決策が言語表現をほぐすことなんだ
まさか父ちゃんから講義を受けるとは思ってもみなかった…
ハッハッハ
こう見えてNLP必死に勉強したからな！
社員たちにも教えてやるつもりだったしな！
名詞化？
ところで名詞化って何？
名詞化とは本来プロセスを伴った動きがある動詞が名詞的に表現されることだ！

さて名詞とは「具象名詞」と「抽象名詞」の2つに分かれている！
具象名詞
椅子や果物のように形のある具体的な物の名前を表すもの
抽象名詞
「信頼」や「友情」など形のない事物の名前を表すもの
ガシッ
「抽象名詞」の中にはプロセスを表す動きを伴っているにもかかわらず
名詞として表現されることにより動きが感じられない固定的な印象を与える表現になってしまっているものもある！
動詞
名詞
それが原因で 本来簡単に解決できることが解決できない問題に発展する場合があるんだ
名詞
その時に表現をほぐす
つまり動きを表す動詞的な表現に戻すと問題解決しやすくなる！
動詞
なるほど！
うんうん

例えば「家族関係に問題がある」という言葉を思い浮かべてみよう
!
……
昔の私達のこと…？
杏里 話を聞きなさいっ
うるさいな ほっといてよ
言葉だけを聞くと とても解決困難な印象を受けてしまう
それは「家族関係」と「問題」という言葉が名詞化されていて動きを感じにくい表現だからだ！
名詞化
家族関係
問題
そこで言語表現をほぐす
つまり名詞化を崩す手順にそって質問をしてみるといい！
質問
質問
名詞化
質問

名詞化を崩す手順はこうだ！
①名詞化を特定する。
②名詞化表現を動きのあるプロセスとして捉えるために、「誰が？」「何を行っているのか？」「誰に対して？」の３つを明らかにする。特に埋もれてしまっている動詞を見つける。
③動詞を復活させた、動きのある表現で言い直す。
名詞化は〝誰が誰に対して何をやっているか？〟が省略されている！
誰が
名詞化
誰に
なるほど！
なので名詞化を崩す質問はおもに３通り！
①誰がこれをやっているか？（主語の省略）
②何がなされているか？（動詞の省略）
③誰に対して、これがなされているのか？（目的語の省略）

「家族関係に問題がある」だと…
「家族関係」は具体的には誰とのどのような人間関係か？
「問題」とは誰とのどのような問題か？
を明らかにすればいいのね！
うちの場合だと…
家族関係では「父親と自分との関係」ね
話を聞け スーパーを継いでくれ
だから嫌だって
問題とは「実家の家業を継げと言われる」ことが発端で険悪になっているということ…
ここまで動きが見えてきたら何を改善すればいいのか？何をすればいいのか？が見えてくるし
改善点もわかるわね！
いや もう…
問題は解決されているようなものね！
杏里 どうだ
だって今社長じゃん！
ふふ…
えっ 何が？

自分の名詞化はほぐせたか？
ああ
「課題山積」
「（私は）力不足
まだ
「課題山積」って「何をどのようにすること」を課題だと感じているのか？
また何が積み重なっているのか？
えーと…
「なんでもかんでも自分でしなければならない」と沢山の仕事を勝手に抱え込んでいる…
新商品のディスプレイは自分でやる
クレーム対応するよ
私がやるよ
ふふ…
そんなことか…
部下に仕事を任せればよかったんだ…
任せられる部下もいるのにね…
「（私は）力不足」もよく考えればひとりで何人もの仕事を抱えていたから滞っていただけじゃない！
ふふふ

表現をほぐすことができたようだな
うん！
肩の荷が下りたよ！NLPってすごいね 紹介してくれてありがとう！
NLPの重要性に気づいてもらえてよかった…
杏里
何？
もう一度選択しなさい
このまま本当に社長を続けるか
自分のやりたいことに戻るか！
えええっ！何をいきなり!?

# 頭の中の表現が問題を作り出す

# 01

Ｐａｒｔ３でメタモデルの概略をひととおりお伝えしました。このパートでは、メタモデルの中でも特にしっかりと学んでほしい名詞化（省略の中の一項目）を重点的に解説します。これは、閉塞感のある状況の打破につながる発想法で、自分で自分の問題を解決する際にも大きな力を発揮します。ポイントは、頭の中にある言葉をほぐすことなのですが、その重要性を深く実感するためにもここまで学んできたことをまとめておきます。

## 問題解決の糸口は言語表現をほぐすこと

仮に「上司との人間関係に問題がある」と苦しんでいたとします。そう考えた時、頭の中に「上司との人間関係に問題がある」という言葉があるということになります。実はこの問題を解決する突破口は、**頭の中にある言語表現をほぐす**ことにあるのです。

このように書くと疑問を持つ人もいるでしょう。なぜなら、「上司との人間関係に問題がある」は実際に職場の現場にある問題（体験）で、頭の中の言語表現はそれを表す記号に過ぎないからです。

しかし、自分を取り巻く世界における実際の体験が省略・歪曲《わいきょく》・一般化を通して言葉（言語表現）を作り出すのと同様に、頭の中の言語表現（言葉）もまた世界に影響を与えるのです。つまり、**自分を取り巻く世界での実際の体験は、思考（言葉）に影響を与えますが、思考（言葉）もまた世界に影響を与えるのです**（１８１頁）。

これは、これまで繰り返し説明してきた、価値観などのプログラムが反応を作り出すプロセスとも同じ関係になります。１８１頁の図Ａと図Ｂを見てください。この図にあるように、体験が価値観などのプログラムを作り出しますが、いったん価値観ができると、今度はその価値観というイメージを被せてしか世界を見ることができなくなります（図Ａ）。同様に体験が頭の中の言葉（言語表現）を作り出し、次にはその言語表現が体験を支配するようになるのです（図Ｂ）。つまり世界で起こることに対して頭の中にある言語表現に大きな影響を受けた形でしか反応できなくなるのです。

## ⇩頭の中の言葉が世界を支配する

Ｐａｒｔ３で、貯金がたくさんあってもお金の不安がある人もいるいっぽう、貯金が全くなくても不安がないという人もいるという事例を紹介しました。この場合も、不安な人は無色透明な世界を不安だと思いこんでいるに過ぎません。それは頭の中にある不安な情景や言葉が、その不安な反応（身体感覚）を作り出しているのです。

だからこそ、問題解決は自分の外側に広がる世界を変えるよりも自分の頭の中を変える方が早い場合が多いのです。そして、その最も効果的な方法のひとつが**頭の中にある言語表現をほぐす**ことなのです。

重要なポイントなので、ここでまとめましょう。

私達は自動的に（無意識的に）実際の体験（原体験）を省略・歪曲《わいきょく》・一般化して言葉に置き換えて捉えています。これは、**世界を言葉という記号に翻訳して捉えているということになります**。体験という現場（現地）を地図に置き換えているに過ぎないのですが、その地図が「現地」だと思い込んでいることになるのです。そして、**苦しみを作り出す問題は常に間違って描いてしまった頭の中の「地図」にしかないのです**。度々説明したとおり、**実際の体験（現地）は無色透明でニュートラルだからです**。だからこそ、頭の中の言葉を書き換えることは多くの人が思っているよりも遥かにパワフルな変化を作り出すのです。

## 頭 の 中 の 表 現 が 世 界 を 作 り 出 す

**図 A**　体験が価値観を作り出し、価値観がその体験に影響を与える。

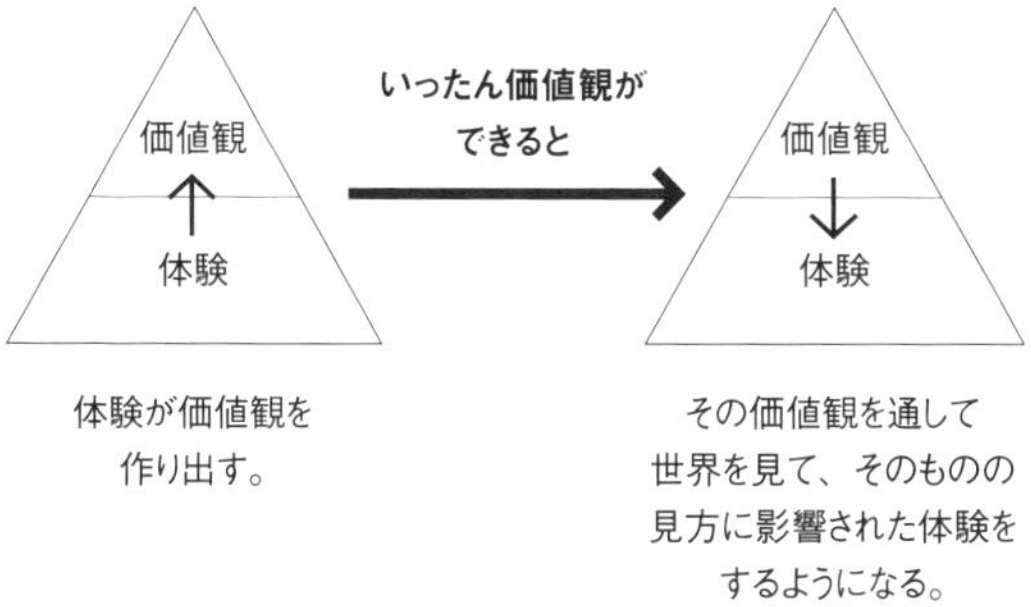
価値観
体験
いったん価値観が
できると
価値観
体験
体験が価値観を
作り出す。
その価値観を通して
世界を見て、そのものの
見方に影響された体験を
するようになる。

**図 B**　体験が言語表現を作り出し、言語表現がその後の体験に影響を与える。

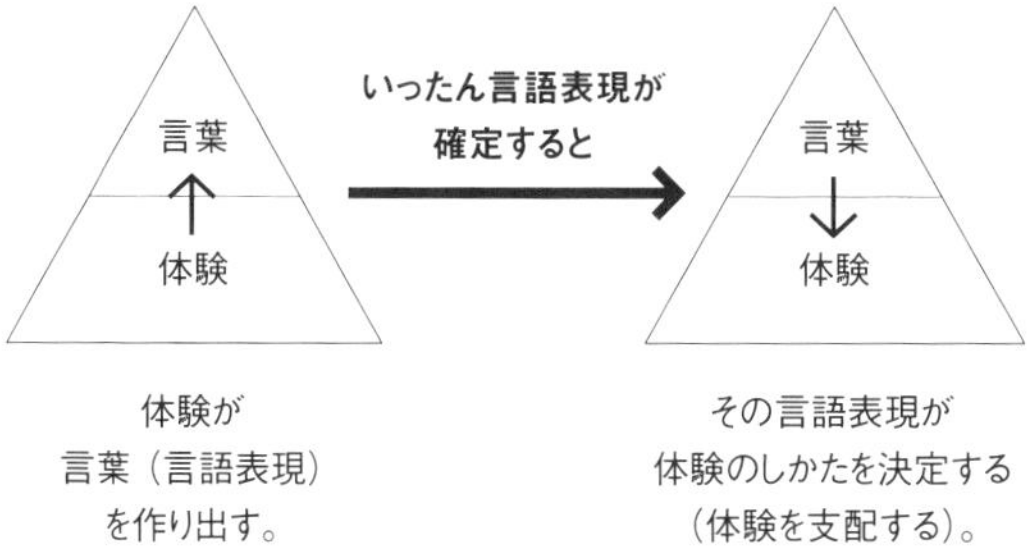
言葉
体験
いったん言語表現が
確定すると
言葉
体験
体験が
言葉（言語表現）
を作り出す。
その言語表現が
体験のしかたを決定する
（体験を支配する）。

# 固まった表現が問題を深刻にする

# 02

## なかなか解決しない問題の特徴とは？

ここまでお伝えしたとおり、頭の中にある言語表現が問題を作り出すのですが、ここでは、なかなかなか解決しない問題の特徴を挙げます。それは、固定的で堅い印象が感じられるということです。

固定的で堅い印象が感じられる場合、それを表す頭の中の言語表現にも動きがない場合が多いのです。１７８頁で問題解決の秘訣は「頭の中にある言語表現をほぐすこと」だとお伝えしましたが、その基本は動きを取り戻すことにあります。本来プロセス（動き）を伴う動詞が名詞的に表現されることを「名詞化」と言いますが、これが固定的で堅い印象を作り出しているケースが多いのです。したがって名詞化された表現を動詞的表現に置き換えることにより言語表現がほぐれて、解決しやすい印象が感じられるようになるのです。メタモデルではこの「名詞化を崩す」ことを重要視します。

## ⇩プロセスを失った表現が問題解決を難しくする

そもそも名詞とは、「具象名詞」と「抽象名詞」の2つに分かれます。「具象名詞」とは椅子や果物のように形のある具体的な物の名前を表すもので、「抽象名詞」とは、「信頼」や「友情」など形のない事物の名前を表すものです。

「具象名詞」と「抽象名詞」の共通点は、動きが感じられない表現であることです。

**そもそも名詞は、形があるかどうかは別として名前を表すものであり、動きや動作を表すのには適さない表現なのです。**動きや動作を活き活きと表している表現が「動詞」です。

「具象名詞」は、もともと物などの名前なので本来の名詞の働きに沿うものです。そもそも動きがありません。しかし、「抽象名詞」の中には、プロセス（動き）を伴っているにも関わらず、名詞として表現されることにより、動きが感じられない固定的な印象を与えてしまっているものもあるのです。

実はそれが原因で、本来簡単に解決できることが、なかなか解決できない問題に発展する場合があるのです。なぜなら、**言語表現が作り出す頭の中での印象が行動を起こす際に大きな影響を与えるからです。**

## ⇩名詞化を崩すと行動しやすくなる

原体験のレベルには五感を伴う活き活きとした（生きている・動いている）体験がありますが、それを言語に置き換えるプロセスで省略・歪曲《わいきょく》・一般化が起こります。膨大な情報を伴う活き活きとした動きがある体験が「動きを失った固定的な物」のようになってしまう、これが名詞化が起こるプロセスです。

つまり、**動きがある流動的な体験が「物化」されてしまう**のです。

省略・歪曲・一般化のどれもが効率的に生きるために役立つのと同様に、この「物化（名詞化）」も役立ちます。特に私達の安全・安心欲求を満たします。無意識レベルでは「動きのあるもの」は捉えにくく理解しにくいと感じられており、「固定した物」としてシンプルに理解したいという欲求があるのです。「焦点化の原則」で説明したように人間は混乱を避けるため、できる限りシンプルに世界を捉えたいと思っているからです。

ですから、名詞化にも良い悪いはありません。名詞化にもメリットとデメリットがあり、デメリットが生じた場合のみ名詞化を崩せばいいのです。「名詞化（物化）」が問題解決を妨げる場合にのみデメリットが生じるのです。具体的な名詞化崩しの方法と事例は、１８８頁以降で解説しています。

## 問題解決の秘訣は頭の中にある言語表現をほぐすこと

| | |
|---|---|
| **名詞** | **具象名詞**（具体的な物の名前を表す）<br>……例：机、パソコン、コップ<br><br>**抽象名詞**（形のない事物の名前を表す）<br>……例：愛情、幸福、豊かさ |

**名詞化とは**……抽象名詞の中で、本来プロセス（動き）を伴う動詞が名詞的に表現されているもの。
例：解決不能、国際関係、課題山積、目標達成、信頼関係構築、関係悪化

**頭の中をほぐすと行動しやすくなる**

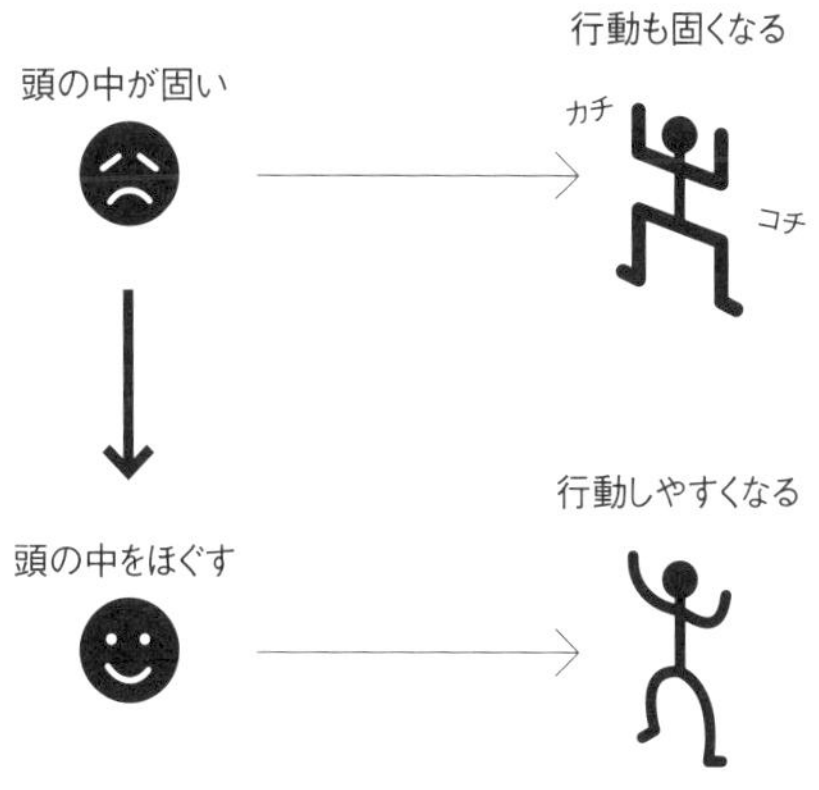
頭の中が固い
行動も固くなる
カチ
コチ
頭の中をほぐす
行動しやすくなる

# 03 名詞化崩しの手順

## 名詞化は頭の中に重苦しいイメージを作り出す。

173頁に「家族関係に問題がある」という表現があります。この中の「家族関係」と「問題」が名詞化ですね。「家族関係」など人間関係は、そもそもプロセスがあります。つまり流動的な動きがある行動です。「問題」も永遠に固まって留まっているものではなく、動きがある（プロセスがある）ものです。

しかし、「家族関係に問題がある」という言葉を思い浮かべると、多かれ少なかれ解決が難しい印象を受けてしまうでしょう。「家族関係」と「問題」という言葉が名詞であり、動きを感じにくい表現だからです。

その言葉は頭の中でイメージを伴った印象を作り出すかもしれません。それは重苦しく暗い映像かもしれません。その言葉と映像が身体的な反応を作り出します。それは重苦しい気持ちや閉塞感ではないでしょうか。

このような状態になったら苦しいから問題だと感じてしまうし、また状態が悪いので億劫になりそれを打開する行動に移りにくくなってしまうのです。何をどうすればいいのかが浮かびにくいし、問題が問題のまま取り残されがちになります。

このように「家族関係に問題がある」という言葉を使っていると、なかなか、その解決のための行動を起こしにくいのです。

## ⇩問題解決ができる人の特徴

問題解決が得意な人の特徴は頭の中にあります。そのひとつとして**頭の中に動きのあるイメージがある場合が多いのです**。頭の中にある言葉が流動的であるかどうかは別として、問題の情況を動きのあるイメージで捉えているのです。実際このような人は、傾向として動きのある言葉（流動的な言葉＝動詞的）がある場合が多いのです。

そこで、何度もお伝えしたとおり問題解決をしようと思ったら、まず頭の中の表現をほぐすと良いということになります。問題だと感じている時に、いきなりその解決を考えるのではなく、まずは頭の中にある言葉を書き出すことに専念してください。問題だと感じている状況では気分的に億劫になっていますので、自らに大きなタスクを課すのではなくスモールステップを設けてそれに集中することです。例えば「家族関係に問題がある」という言葉があれば、まずはそれを紙に書くことだけをしようと決めるのです。

## ⇩名詞化崩しの手順

問題の状況を書き出したら、次に「名詞化を崩す手順」に沿って自問自答をしてみるのです。名詞化を崩す手順は以下のとおりです。

①名詞化を特定する。
②名詞化表現を動きのあるプロセスとして捉えるために「誰が?」「何を行っているのか?」「誰に対して?」の3つを明らかにする。特に埋もれてしまっている動詞を見つける。
③動詞を復活させた、動きのある表現で言い直す。

これからわかるように、**名詞化は「誰が誰に対して、何をやっているか?」が省略されているのです**。ですから、名詞化を崩す質問は191頁の図の中央にある3つになります。

## ⇩名詞化崩しの事例

**■例①「家族関係に問題がある」**

「家族関係」は具体的には誰とのどのような人間関係なのか？　「問題」とは誰とのどのような問題か？　を明らかにするのです。その際、頭の中では動きのあるイメージを明らかにしながらこれらの質問（自問自答）に答えていくと効果的です。

例えば、「家族関係」とは「母親と自分との間の関係」であることが明らかになります。「問題」とは、「食事の時間と好き嫌いが合わないこと」が発端となり険悪になっているということなどです。

ここまで、動きが見えてきたら、「何を改善すればいいのか？」「何をすればいいのか？」が目に見えやすくなります。改善点も浮かびやすくなってきます。

**■例②「部下との意思疎通が難しい」**

「部下との意思疎通」が名詞化ですね。これを職場の同僚などに対して名詞化崩しをガイドしてあげるとしたら以下のようになります。

**質問**　「部下との意思疎通」って誰との関係のことですか？

**答え**　おもに私とA君の関係です。

**質問**　A君との「意志疎通」は具体的にはどんなやり取りの中で発生していますか？

**答え**　A君が私に気を遣いすぎています。もっと、積極的に意見を言ってくれたらと思っています。特に会議の席でね。

ここまでほぐして動きを取り戻すと、解決策が見えやすくなります。

### ■例③『失敗が怖いです』と言っている部下に対して

**質問**　「何を失敗することを恐れているのですか？（目的語が省略されている）」

**答え**　上手に話せなかったら笑われるのではないかと

※ここで、「等価の複合観念（歪曲《わいきょく》）」の質問をする（159頁）

**質問**　「上手に話せない人はみんないつでも笑われているの？」

**答え**　「……（沈思黙考）」※ここで思い込みかもしれないと気づく

この事例では「名詞化崩し」に「等価の複合観念」を加えています。このようにメタモデルはいくつかの種類を重ねると効果的です。

最後に他者に対してメタモデルの質問を行う際の絶対に守るべき注意点です。

やはり**ラポールあっての質問**です。メタモデルの質問は特に鋭い質問になりがちですので、**基本的にペーシングしつつ①優しい表情で、②ゆっくりと語りかけてあげてください。**

## 名詞化崩しの手順

**1）名詞化を特定する**

↓

**2）名詞化表現を動きのあるプロセスにするための質問をする**

①何がなされているのか？（動詞の省略を取り消す）

②誰がこれを行っているのか？（主語の省略を取り戻す）

③誰に対してこれがなされているのか？（目的語の省略を取り戻す）

を明らかにして、埋もれている動き（プロセス）を見つける。

↓

**3）動詞を復活させた動きのある表現で言い直す**

**注意！**

名詞化に限らずメタモデルの質問は鋭い質問になってしまいがちなので、以下の点を気をつけること。

- ペーシングをする
- 優しい表情で話す
- ゆっくりと語りかける

Column 5

# コミュニケーション上手は観察上手

コミュニケーションが上手な人の特徴に、相手をよく観察している点が挙げられます。例えば、私はセミナーで自分が伝えた内容が伝わっているかどうかを判断する際に、いつも参加者の反応を観察しています。ある内容を説明した上で「わかりましたか？」と確認することがあります。相手がハイと言っていても、微妙な「うなずき方」「表情」「視線の方向」などから、相手の本音を観察しているのです。仮に、理解は十分ではないと感じられたら、さらに詳しく解説することがあります。そうすると、参加者の表情などが緩んでくるのがわかります。このように、相手の本音に気づければ、相手が望む情報などを提供してラポールを深めることができるのです。

このように、実は人間は内面で感じているものが必ず外面（姿勢や表情など）に現れるのです。例えば仕事上の関係などでは、仮に相手に苦手意識があっても、あからさまに不快感を表すわけにはいきません。その場合、笑顔で丁寧な言葉を使うでしょう。しかし、どれだけ取り繕うとしても、非言語の情報が外面に出ているのです。

何も話していなくても、相手が見せるちょっとした表情や身体の固さに気づいて、話しかけるのをやめた方がいいと感じたこともあるでしょう。コミュニケーション上手な人はこれらの微妙な情報をキャッチする能力に長けているのです。このように非言語の情報は無意識的な欲求を表している場合が多く、そのサインを読み取る能力を高めると、相手に対していつ何を伝えれば効果的なのかがわかるようになります。非言語の情報が現れやすいポイントとして「表情（口の周りの筋肉の固さ、唇の色など）」「視線」「姿勢」「手足の動き（手に力が入っているかどうかなど）」「呼吸」などがあります。

# Part 5

# 相手の無意識に働きかける方法

最後は、相手に変化をもたらす
言葉の使い方、ミルトンモデルを紹介します。
また、その土台となるトランス状態についても学びます。

コーヒー 冬
社長を辞めるの？続けるの？
Story 5
素敵なお店でしょう
私のお気に入りなんです！
そうですね いいお店ですね
ところで最近 お店の調子はどうですか？
NLPのお陰でとても順調です！
職場環境も当初とは見違えるようになりました
売り上げも順調に上がっています
そうそう この前お客様に嬉しいことを言われたんですよ！
このお店ってホッとするわね
皆がとても温かく迎えてくれるの

それはまさにお父さんの描いていた理想のスーパーですね！
そうなんです…
カチャ…
やっと理想のスーパーになってきたんです…なのに…
今日はそのことでご相談があってここに来てもらったんです！
ずいっ
！
父ちゃんがどうしてあんなこと言ったのか真意を知りたい…！
新妻さんならきっとわかるはず
もう一度選択しなさい
このまま本当に社長を続けるか
自分のやりたいことに戻るか！
実は…
ちょっと待ってください
本日でNLPの授業は最後になります
ですから全ての授業を終えてからご相談を受けるのはいかがでしょうか？
…
は…はい

今日 勉強するのはミルトンモデルです！
ミルトンモデルとは当時最高と呼ばれた催眠セラピストの一人
ミルトン・エリクソンが使っていた言葉がモデルとなっています
Milton H Erickson
1901〜1980年
ミルトンモデルはトランスを活用し変化を作り出すコミュニケーションです
ミルトンモデルそのものをお伝えする前にまずトランス状態を理解しなければなりません！
トランス状態でこそミルトンモデルを効果的に活用できるからです
トランス状態…ですか？
トランス状態とは無意識レベルにメッセージが届きやすい状態で催眠による変化の前提となる状態です！
第１段階　トランス状態を作る
↓
第２段階　トランス状態を活用したコミュニケーションを行う
トランス状態
A
B

トランス状態は
無意識優位の状態で
変化は
トランス状態でしか
起こりません
しかし状況によって
無意識を守る
意識という壁が
立ちはだかります
壁?
トランス状態
無意識
意識は
無意識を守る
門番のような
ものです!
意識的に
なっている時は
緊張状態にある時と
考えることが
できます
つまり
身構えている
状態ですね
例えるのなら
猛獣がいる
ジャングルに
丸腰でいるような
状態ですね
ジャングル…
ちょっとした音も感知し
景色の微妙な変化にも
敏感な状態です
ザワ
ザワ
グルルル…
ドキドキ
グルル…
そんな時は
誰かの言葉を
受け入れにくい
ですよね
ねぇ
聞いて
うるさい
確かに

具体的に どんな時に 意識することに なるんですか？
そう ですね…
敵対関係にある人
初対面の人
自分を認めて いない人
自分と正反対の 考えを持つ人
よくわからない 人と接する時には 無意識的に 敵と 見なします
常に彼らの 言葉を吟味し 疑い 相手を 受け入れることは できません！
本当かな…
嘘言って ないかな…
信じがたい…
日吉さんが私と 初めて会った時が そうでしたね
コンサルなら 間に合って います
そうでしたね
ははは…
けど 緊張状態が 続くと 疲れません か？
キョロ キョロ
ピリ ピリ
もちろん 身体にかなりの 負担がかかります 長く続くと 身体を壊すことに なりますし
身体は固くなり 本来の能力を発揮 できません！
もちろん こんな状態では 変化は起きません

変化を起こすには トランス状態にする 必要があります
一点集中
トランス状態の 特徴は ひとつのことに 強く集中できると いうことです！
すごく集中している 時は 周りの音が 聞こえなくなりますが そんな感じですか？
おーい…
合格!!
ガリ
ガリ
ガリ
ええ それも トランス状態 です
身体からほどよく 力が抜けていて 極めて集中力が高い状態
直感も 冴えています
それでいて視野が 広く 柔軟に物事を 対処できます
その他の特徴として トランス状態は 特殊な状態では ないし
深いトランスで あるかどうかは別として 一日の中に何度も体験します
それに 人は誰でも 自分なりのやり方で トランスに入ることが できます

NLPのワーク（実習）を行う際にも基本的にガイドはトランス誘導を行います
トランス状態
第1段階
第1段階　トランス状態を作る
↓
第2段階　トランス状態を活用したコミュニケーションを行う
トランス状態が作れれば第1段階の完了です
次は第2段階 いよいよミルトンモデルです
ミルトン・エリクソンは「ペーシング→ラポールの流れ」を特に重視していました
彼は通常の会話の中でラポールを構築しガイドの言葉がクライアントに深く受け入れられる関係性を作っていました
その上で通常会話の中に暗示的な言葉を埋め込んで変化を作り出していったんです
暗示
暗示
暗示
ミルトンモデルを理解すれば部下などとの信頼関係を保ちつつスムーズに指示命令を出すことができますよ
おっ
いいですね

さて
ミルトンモデルの中に
連結語というものが
あります
連結語
連結語を使うと
「ページング
→ラポール」を
スムーズに導く
ことができます
例えば現在
起きていることと
将来起きてほしい
ことを
現在
将来
ガイドが
接続詞でつなげることで
クライアントは
その因果関係に反応します
そうです
ね…
?
あなたは
椅子に
座っている
は…
はい
身体の力が
抜けるのを
感じ始めます
え

どうですか?
え? どうと言われましても…
関連のない2つの文章って感じですが…
そうですね ただ その話を聞いているだけになる可能性が高いですね
「椅子に座っている」事実と「体の力が抜ける」変化は何の因果関係もないじゃないですか
では今度は連結語を入れてみましょう
あなたは椅子に座っていて そして 体の力が抜けるのを感じ始めます
あ
間に接続詞が入ることによってつながった因果関係があるように感じませんか?
か…感じます

因果関係があるように錯覚してしまうと「体の力が抜ける」という変化を体験した気がします…
椅子に座っていると
体の力が抜ける
理由はその構造と関係があります
「あなたは椅子に座っていて」の部分はクライアントが置かれている現在の状況を描写しています
つまり否定することができず心の中でYESと言わざるをえないので
スーッとその言葉が抵抗なく入ってくることになる
椅子に座っていますね
Yes.
これは以前やったバックトラックと同じ原理ですね
そのとおり！
つまり前半の部分がペーシングとなり後半の部分がリーディングの構造となる
あなたは椅子に座っていて
そして
体の力が抜けるのを感じ始めます
スムーズに受け入れられる流れを作る（ペーシング）
連結語
変化を促す言葉を伝える（リーディング）

ビジネスシーンではどんな感じで使えばいいんですか？
一緒ですね
上司は部下に新しい仕事をしてもらったり新しい仕事の仕方を提案したりするわけですが
部下の立場に立つとそれは大きなストレスを抱える場合もとても多いんです
先ほどのように「現状にペーシング→リーディング（変化）」の流れを意識したコミュニケーションが上手にできるようになれば
ストレスなく上司の言葉を受け入れやすくなります！
新しい企画
新規案件
これではスムーズに指示命令が通りません
日吉さんはこれまで部下の人達にどのような言葉で命令してきましたか？
そうですね…
普通に頼んでましたけど…
戸越くん
飲料売り場の売り上げアップのための方法を考えてもらえますか？
え
あ はい

こんな感じですね
なるほど
今のように
いきなり要求すると
場合によっては
ブロックがかかります
ええ
忙しいビジネスマンだったら
さらに仕事が増えることに対する抵抗を感じることもありますね
ミルトンモデルの連結語を使うとこうなります
戸越くん
今日も丁寧に掃除してますね
(頭の中でYES)
掃除が終わって必要な用事が済んだら
(済んだ後に…接続語)
飲料売り場の売り上げアップのための方法を考えてもらえますか？
はい
わかりました
こんな感じです
いかがでしたか？
な…
なるほど

最初のセンテンスで
現状にペーシングして
言葉がスムーズに入る
流れを作れている
提案の言葉を
添えるようにしたら
抵抗なく受け入れやすく
なっていました
連結語は他にも
このようなものが
あります
そうですね
使い分けを
しっかりしないと
いけないですね

### 接続詞を使って無関係な現象をつなげる

【そして、〜したら】

「あなたは椅子に座っている。
**そして、**
体の力が抜けるのを感じ始めます。」

### 時間の流れを使い現象をつなげる

【〜しながら、〜している時、それから】

「私の声を聴き**ながら**、
ゆっくりと意識を
自分の中に向けていきます。」

### 因果関係を使う要因と結果を伝える

【〜によって、〜だから】

「手をこすること**によって**、
頭がスッキリしてきます。」

なるほど
なるほど
…
かき
かき
私はこれまで
人間は安全安心を
求めていると
伝えてきました
人の能力を
最大限発揮させるのに
一番大切なことは
安心できる場を
作ることです！
ピク

仕事に専念するには職場が大事なんです！
……
安全・安心な社風がある職場では目の前の仕事に集中できます
それにトランス状態を作り出し 能力を最大化することを意味しているからです
人間関係等に気を遣いすぎることがない
リラックスできていて疲れも少なくエネルギーが高い
必要以上に自分を守る必要がない
イラ イラ
逆に良くない職場は常に緊張状態で
ストレスを抱え集中力が低くミスも多くなります
教師を10年すれば教師の雰囲気をまとった人間になり
銀行に10年勤めれば銀行員の雰囲気を持つにいたる

つまり「場」こそ
人を育てる見えない力
（無意識的な力）を
持っています
菓子類
そして
最も無意識を活用した
人材育成であり
自己開発なんです
「場」が自分を
育ててくれる…
もう一度
選択しなさい
このまま本当に
社長を続けるか
自分のやりたい
ことに戻るか！
もしかして…
父ちゃん
すみません！
用事 思い出し
ましたっ！
ガタッ
相談は
…？

もう大丈夫ですっ！
カランカラン
バタン
……
フフ…
あははは
っしょ!!
あれ？
社長 お体はもう大丈夫なんですか？
ああ 完全復活だ

ところで君達に聞きたいんだが
娘が社長になってからスーパーグッドデイズという「場」は君達を育ててくれたと思うかい？
これまでよりストレスを感じたり
居心地が悪かったりしてないかい？
集中して仕事はできているかい？
そんなこと聞くまでもないですよ
社長
スッ
キィ…
皆を見てください

GOOD DA
カッ
カッ
カッ
ハァ
父ちゃん…
ハァ
父ちゃんが私にどちらかを選ばせた理由って…
このスーパーという「場」が私にとって安心安全の場所になっているか聞きたかったんじゃない…？
ハァ
ハァ
ピンポーン
やっぱり
私にとってここは…
すまなかったな…
え
杏里に社長をやらせておいて勝手だが
この「場」が杏里にとって力を最大限に発揮できる場所なのかはわからなかったし
経営者として安全安心を土台としたマネジメントができるのか不安だった
でもそれは杞憂でしかなかったよ

社員の働いている姿を見たら杏里がこのスーパーでしてきたことがわかったよ
あんなに生き生きと働けているのは皆にとって安全安心の場所となっているから
この店は杏里にとって理想の場所になりつつあるんだな
父ちゃん…

これからも社長としてよろしく頼んだよ
くすっ
私が社長をするのよ当然じゃない
今の私にはNLPっていう武器があるんだから!!
DAYS
生鮮食品スーパー

# ミルトンモデルとは 01

## ⇩直接無意識に働きかける手法

Ｐａｒｔ３、４で解説したメタモデルはＮＬＰの創始者達が開発した最初の手法ですが、彼らは、さらにミルトン・エリクソンという天才セラピストをモデルとした別のモデルも開発しました。それがミルトンモデルです。ミルトン・エリクソンは当時世界で最も傑出した催眠療法家と言われた人物の一人です。催眠とは直接無意識（潜在意識）に働きかけ変化を作り出す方法です。

ミルトンモデルとは催眠コミュニケーションの一種で、基本的にクライアントを「トランス状態（変性意識状態）」に導き、その後に催眠誘導によって変化を起こします。したがって、ミルトンモデルそのものをお伝えする前に「トランス状態」を理解しなければなりません。また、ミルトンモデルに限らずＮＬＰはエリクソンの催眠療法に大きな影響を受けています。よって、ＮＬＰによる変化は全般的に左頁下部の２段階のプロセスによるものだと考えてください。

## 変化を作り出すコミュニケーション

### ●初期のNLPの2つのモデル

**メタモデル**

バージニア・サティア（家族療法）とフリッツ・パールズ（ゲシュタルト療法）がセラピー中に使っていた言葉の使い方などを研究して作られたモデル。特徴はあいまいな表現を正確な表現に戻す（省略・歪曲・一般化の是正）質問を行う。

**ミルトンモデル**

ミルトン・エリクソン（催眠療法）がセラピー中に使っていた言葉の使い方などを研究して作られたモデル。わざとあいまいな言葉を使って（省略・歪曲・一般化を利用して）、クライアントの中に問題解決に役立つ記憶を引き出し治療する（逆メタモデル方式）など、メタモデルの対極となる手法も含まれる（詳細は248頁参照）。

### ●変化を作り出す手順

**第1段階**　トランス状態を作る
（トランス誘導）

↓

**第2段階**　トランス状態を活用した
コミュニケーションを行う
（変化を作り出す）

02

# トランス状態とは

## ⇩ 言葉を受け入れやすい状態、受け入れにくい状態

トランス状態とは変化を作り出すのに適した意識状態のことで、催眠誘導が可能な状態です。これは平たく言うと無意識優位な意識状態で、無意識レベルにメッセージが届きやすい状態です。**人間は基本的に変化を恐れる性質があり、トランス状態（無意識優位の状態）でなければなかなか変化を実現するメッセージを受け取れない**のです。

トランス状態の逆は意識優位の状態です。左頁の図Aが意識優位な状態におけるコミュニケーションです。まさに言葉だけを聞いていて、身体（無意識）にまでメッセージが届いていない状態です。

一方図Bでは、言葉を聞きその内容を「胸で共感し」「腑《ふ》に落としている（お腹で受け止めている）」のです。「無意識＝身体＝感覚」とお伝えしましたね。意識レベルは表層的なレベルで、無意識レベルが深層レベルを意味しますので、**深く言葉を伝えるとは身体（＝無意識）にメッセージを浸透させることを意味する**のです。

## 2つのレベルのコミュニケーション

**図A**

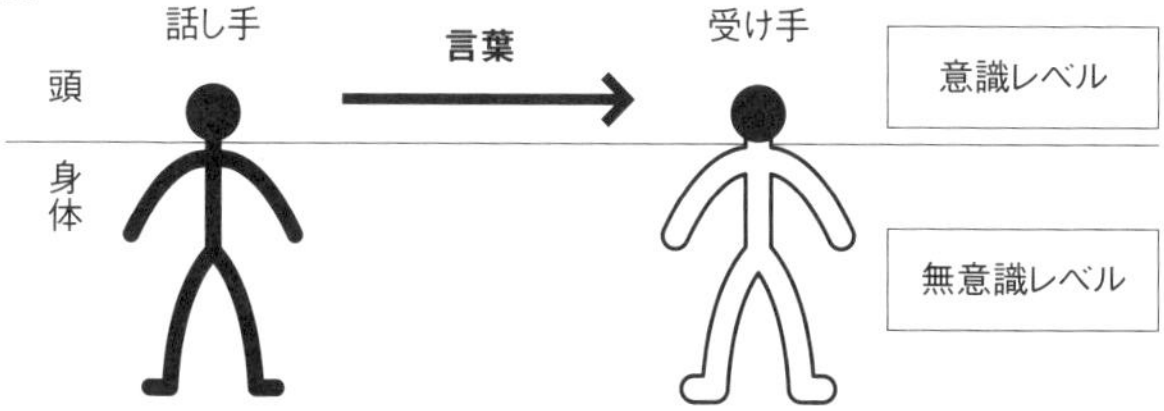
話し手
言葉
受け手
頭
身体
意識レベル
無意識レベル

**言葉（頭）だけで理解している状態。**
**無意識（身体）まで言葉が届いていない。**

**図B**

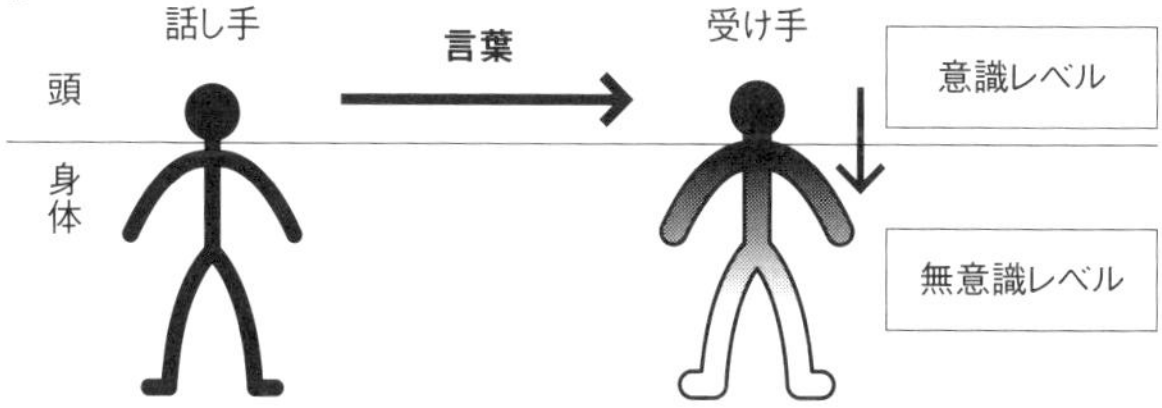
話し手
言葉
受け手
頭
身体
意識レベル
無意識レベル

**胸で共感し、身体全体で受け止めている状態。**

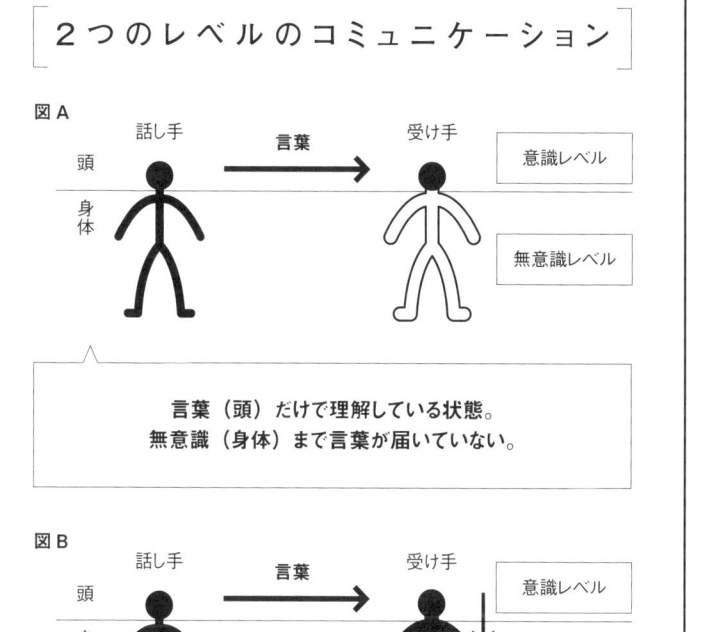

## ⇩危険を感じると人間は意識的（思考的）になる

意識的になっている時、つまり、頭の中に言葉が廻っているような状態（意識＝思考＝言葉）は、無意識が自分自身を守るために作っている鎧のようなものなのです。

**強い意識優位の状態の時は、自己防衛の気持ちが強くなり、今までの判断の正当性を主張し現状を維持しようと躍起になることが多い**のです。例えば会議などで自分と対立している人達が多く同席している場などでは、周りの意見を受け入れにくく、自分の意見の正当性を主張し、意見を曲げようとはしなのではないでしょうか。

このような時は、２１７頁の図Ａのように、言葉は聞こえているがその意見を深く受け入れられない（頭で聞いているだけ＝身体で受け入れていない）のです。また、意識的になっている状態の特徴として、緊張状態（ピリピリしている）があげられます。

この例から理解できるように**緊張状態とは身構えていて、外界を監視して外部からの影響を受けないように自分を守っている状態**です。目に見えるものから、聞こえるものまで注意深く意識している状態です（２３７頁図Ａ）。

例えて言えば、１９７頁でも説明されているように、猛獣がいるジャングルで丸腰の人間が身構えているような状態です。猛獣に襲われないように、外界に対して過剰に神経を研ぎ澄ましている状態で、ちょっとした音も感知し、景色の微妙な変化にも気づくことができます。また頭の中には言葉が渦巻いています。このような状態ではなかなか眠ることすらできないでしょう。

ここまで見てきたように、**危険を感じていて緊張している時は、当然自分自身を守っていますので、外部の情報に対して懐疑的になります**。これが意識的（思考的）な状態です。意識的（思考的）な状態は頭の中に言葉がたくさんあって、疑い深く分析するのに適しています。ですから、緊張している時は誰かの言葉を受け入れにくくなるのです。

同様に、敵対関係にある人や初対面の人と一緒にいると緊張します。**「自分と正反対の考えを持つ人」「自分を認めていない人」「得体の知れない人」は無意識的に敵とみなすからです**。そして、彼らの言葉を吟味し疑ってしまいます。このような時は相手を受け入れることはできません。また、極度な緊張状態にありますので疲れやすく、身体は固く本来の能力を発揮できません。自分を守ることに注意が集中していますので、ピリピリしていて（ストレス状態）、仕事に集中し切れていません。ある意味モティベーションが高い場合もあるのですが、身体に負担をかけている状態で、この状態が長く続くと身体を壊すことになりますし、これで良い結果を出し続けるのは難しいのです。

# 03 トランス状態の特徴

## ⇩どんな時にトランス状態になるのか

**トランス状態は、思考的な状態（意識優位の状態）が緩和された時に出現する状態**と考えることができます。身近な例だと、温泉などで何も考えず心地良く寛いでいる時や、没頭して物語を読んだり映画を見て、深くその世界に入り込んでいる時などです。

**一般的には「無意識優位の状態（トランス状態）」はビジネスだけでなく、スポーツ、資格試験の学習などで、潜在能力を最大化できる状態と言われています。**多くの場合リラックスした状態で、**誰もが一日に何度も体験する自然な状態で特別なものではありません。**

一方ここまで説明してきたとおり、思考的な状態はある種の緊張状態です。頭の中に言葉がたくさんあって疑い深い状態ですが、分析したり欠点が無いかどうかを点検するのに適した状態であるとも言えます。また、受け入れることを拒んでいる状態ですので騙されにくくなります。したがって危険な状況において役立つ状態です。

このように「思考的な状態（意識優位の状態）」にもメリットはあるのです。ですから「思考的な状態（意識優位の状態）」と「トランス状態（無意識優位の状態）」それぞれにメリットデメリットがあるとご理解ください。常にトランス状態でいる人は、無防備に生きているということですので、これもまた危険な状態なのです。能力を最大化するという観点ではトランス状態が役立ちますが、自分を守らなければならない場面では意識優位の状態が必要なのです。まずはこれを使い分けることができればいいと考えてください。

また、**トランス状態が能力を最大化できる理由は一点集中が可能な状態だからです。**内面か外面、あるいはなんらかの仕事や行為に集中している状態と言えます。わかりやすい例は高い成績を残した時のスポーツ選手の状態です。スポーツ選手などは、深く集中している時は、周囲の観客の熱い声援すら聞こえなくなるのです。

このように、トランス状態は身体からほど良く力が抜けていて、極めて集中力が高い状態です。それでいて質の高いトランス状態では視野も広く、柔軟に物事に対処できるのです。仕事や勉強ができる人の特徴は集中力が高い点にあります。

また、緊張状態の時は思考的だと書きましたが、**トランス状態の時は直感が冴えています。**発明家や芸術家が天才的なひらめきを得る時の状態もトランス状態です。これは経営者などのビジネスパーソンが優れた意志決定をする状態でもあります。

## ⇩トランス状態が変化を作り出すのに最適な理由

トランス状態を別の観点で説明すると２１７頁の図Ｂの状態、外部からの情報が意識（頭）の検閲を通過して身体（無意識）に浸透している状態を意味します。**この状態の時、受け手は話し手を深く信頼していて（安全を感じていて）疑いなく言葉を受け入れ、言葉のとおりに変化を体験することになる**のです。

例えば時々分析しながら映画を見る人がいますが、この人は共感することもなく、映画に影響を受けることもありません。終始淡々としていて全く変化がないのです。

一方、映画の世界に深く入り込み、主人公やその他の立場の人になり切りながら共感している人がいます。この人は喜怒哀楽を感じ涙すら流し、映画を見終わった後大きな感銘を受け学ぶことも多いのです。俳優の一挙手一投足に反応しその度に変化していくのです。

前者が意識優位の状態で、後者が無意識優位な状態（トランス状態）ということになります。映画はトランス状態に導くための技法が多く使われていて、たいていの人は自然にトランス状態を体験しながら映画を見ています。だからこそ映画は面白いのですが。

このように**トランス状態では、無意識（身体＝感覚）のレベルで情報を受け取り、その情報のとおりの変化が可能な状態**なのです。通常の意識状態（意識優位の状態）で催眠療法家などに「あなたは自信に溢れていて何でもできる」と言われても、怪しいことを言われていると疑うだけで、何の変化もないでしょう。むしろ、さらに身構えて騙されまいと警戒心が強くなるのではないでしょうか。しかし、トランス状態で同じメッセージを聞くと、疑うことなく「そうなんだ」とただ受け入れてしまうのです。その場合、「自信に溢れて何でもできると深く信じている状態」が実現するのです。

これは自己暗示によるセルフコントロール法と同じ原理です。よく能力開発や自己啓発の本で、「肯定的な自己イメージ」を繰り返し言葉とイメージを使って思い描くとそのとおりの状態が実現されると紹介されています。

脳は現実とイメージの区別がつかないので、このような自己暗示を行うと実際やる気が出たり悩みが克服できたりするのです。ただし、疑い深い傾向のある人（意識優位になりがちな人）は、同じ自己暗示を行ってもなかなか効果を発揮しないのです。

したがって、自己暗示をかける際も、まずは①トランス状態を作り出してから、②自己暗示（変化の技法）を行うべきなのです。どの自己暗示法も、いきなり自己暗示から始めるのではなく、深呼吸などで静かな意識状態を実現してから行うようにと説明されているでしょう。このように、**トランス状態はＮＬＰや催眠に限らず変化の前提となる状態であり、これを理解するとあらゆる変化の技法の効果が非常に高まります。**

# 04 トランス状態を作るには？

## ⇩能力発揮を決定するのは関係性

ギター演奏の才能があっても、対人恐怖症だとすると、人前では緊張して上手に演奏できません。そういう人は、人前では型どおりの演奏しかできませんが、誰も見ていないスタジオでは極めて高い集中力を発揮し（トランス状態）傑作と言える作品を即興で作りだせるのです。このように、**トランス状態は安全な関係性（対人関係）と関係がある**ことがわかります。

何かに一点集中できるということは、それ自体が楽しいということも大切ですが、さらに安全な関係性が不可欠なのです。

苦手な上司の元で仕事をしていたり、対立関係がありギスギスした雰囲気のある職場では無意識は危険を感じて心を閉ざし思考的（意識的）にならざるを得ないのです。それが原因で能力を発揮できない人も多いのです。

スポーツなどで練習では出来ることでも試合ではきまってミスをしてしまう人や、ビジネスで親しい人の前では雄弁にプレゼンできるのに、会議等では緊張してしまって十分に良さを表現できない人がいます。練習などリラックスできる環境では高いパフォーマンスを実現しているので能力はあるのです。ただ**能力を発揮できない関係性がある**のです。したがって職場におけるリーダーの重要な役割のひとつは、部下の能力が発揮できる関係性を作り出すことです。その際に役立つのが①ペーシングと②承認（スポンサーシップ）によるトランス誘導です。

## ⇩ペーシングは相手を操る道具ではない

私達が誰かの言葉を深く受け入れるのは、自分が尊重されていると感じている時です。決定権を相手に渡して安全・安心を提供することがいかに重要であるかをお伝えしたとおり、人間は正しいと頭（意識）でわかっていても、危険だと身体（無意識）で感じていたら受け入れられないのです。

人間は変化したいという側面と現状維持したいという側面を同時に持っています。危険な環境では現状維持の気持ちが強くなるのです。逆に安全だと実感すれば（失うものが少ないと感じれば）変化したいという気持ちが強くなります。

これは、私達にとって大きな変化を伴う意思決定をする時に顕著に現れます。例えば病気を根治するためには手術はした方がいいとわかっていても、それが怖いのでなかなか決断できない場合があります。もし、そこで医者が頭ごなしに「手術しないと大変なことになる」と言ったら、ますます患者は心を閉ざすことになります。逆に「怖いですよね」と親身に理解を示したらどうでしょう？　自分のことを理解してくれていると感じて患者は心を開くのです。これがペーシング（相手に合わせる）です。そして、このような医者の提案なら怖くても受け入れる勇気を持つことになるのです。これがリーディングです。

部下や生徒が成長するということは変化するということです。それは、以前の自分を脱皮するということですので、ある種の恐怖を感じているのです。ですから、たとえ誰もが正しくすばらしいと思うような変化を促す際にも、まずは、今のその人の立場や気持ちを否定せずに理解を示してあげてほしいのです。**「相手のため」と、自分の立場の正義から変化を強要しないでほしいのです。**このようにペーシングの真髄は、今のその人を尊重する姿勢にあるのです。ペーシングを「変化させる（リーディング）のための道具」と考えているとうまく機能しません。

## ⇩相手のペースを尊重する

人間は現状維持を求めていると書きましたが、その傾向は対人コミュニケーションにおいては会話が始まったばかりの時に顕著に現れます。多かれ少なかれ、よっぽど身近な関係以外は**閉じ気味に始まるのがコミュニケーション**だとお考えください。

もう少し身近な例で考えると、しばらくぶりに会った友人にいきなり、フランス料理店など雰囲気が大きく変化する場所に誘われても腰が重く感じられる場合が多いのですが、身近なカフェに誘われると自然に受け入れることができます。この場合、フランス料理店に誘うのはいきなり「リーディング（誘導＝変化を作り出す）」するようなものなのです。いっぽう、身近なカフェに誘うことは、相手にとって身近なシチュエーションを提案しているのでペーシング（相手に合わせる）していることになります。このように**ペーシングの基本は相手が最も受け入れやすい状況を提案すること**なのです。

そして、**相手が最も受け入れやすいものは「相手の今の状態そのもの」なのです。**

「相手の今の状態そのもの」は相手にとって最もなじみがあるものだからです。したがって、手術を怖がる患者の事例のように、相手の今の状態や気持ちに寄り添う（ペーシング）と、相手は安心して受け入れることができ、それが続くと自然と心が開いていくのです。このようにして、バリアが緩み、守る必要が無くなった時にトランス状態となるのです。ですから、**トランス誘導の王道はペーシングによるラポール構築となる**のです。**深いラポールがある時に同時にあるのがトランス状態**なのです。

# 「安心」を与えて「イエス」を引き出す

# 05

## ⇩「相手の現在の状況を描写すること」によるペーシング

「相手の今の状態そのもの」は相手にとって最もなじみがあるもので、まずはこれを受け入れることがペーシングの基本だとお伝えしました。そのひとつの方法が１１４頁や１２９頁で紹介したバックトラックです。バックトラックは相手が話した言葉をそのまま返すというものですが、それと同じ効果があるのが、**相手の現在の状況を描写すること**です。

　バックトラックを行うと、実際に言葉を出すかどうかは別として、無理なく「ハイ（イエス）」と言ってもらえるので自然と心が開くとお伝えしました。同様に、相手の現在の状況を描写するということは、否定しようのない事実を伝えることになるので自然と「ハイ（イエス）」と思えるのです。

　例えば、汗をかいている人に「汗をかいてますね」と、その人が今（現在）体験していることを描写して伝えるということです。当然「そう（ハイ）」と思うか、言うことになります。自然とハイ（イエス）と思えるような会話が続くと、自分が尊重されているように感じて、その関係性に安心感を感じるのです。

そして、いったんその関係性が安全だと感じられるようになったら、無意識は「その人と共にいること＝安全」と感じ始めます。これは、「その人について行くこと＝安心」「その人の言葉＝安心」という構図に発展し、無理なくリーディング（誘導）が可能な状態となります。

出した指示に部下が言葉（頭）でハイと言っても、納得していなければモティベーション高くその指示を遂行することはできません。指示命令も部下が素直に受け取って初めて効果的に遂行されるのです。そういう意味でラポール↓リーディングのプロセスを踏むことが生産性を高めることにもつながるのです。ちなみに、「相手の現在の状況を描写すること」は、「ハイ（イエス）」を重ねることによるラポール作りの方法ですので、バックトラックと同様に「イエス・セット」と呼ばれます。

## ⇩ミルトンモデル連結語

エリクソンは、クライアントに**「現在起きていること」を描写した上で「将来起きてほしいこと」を、接続詞でつなげることで無理なく必要な変化を作り出していました。それがミルトンモデル連結語**です。

以下A・Bの2つのパターンを見てください。

A「あなたは椅子に座っている」「体の力が抜けるのを感じ始めます」
B「あなたは椅子に座っていて、そして体の力が抜けるのを感じ始めます」

このA・Bを順に誰かに言われたとします。内容は全く同じですが、実際に言われると伝わり方は大きく異なってくるのです。

Aは、独立した2つのセンテンスをただ聞いているだけになる場合が多く、一方Bでは、実際に体の力が抜け始める可能性が高くなります。

そもそも「椅子に座っている（現在の状況）」と、「体の力が抜ける（変化）」は何の因果関係もありません。したがって、Aのようにただ2つのセンテンスを聞くだけで何の変化もないのは当然なのです。

しかし、Bのように**接続詞（この場合は「〜していて、そして」の部分）が間に入ることによって、つながった因果関係があるように錯覚してしまう**のです。そして、このように因果関係があるように錯覚してしまうと、「体の力が抜ける」という変化を体験しやすくなるのです。理由はその構造と関係があります。もう少し詳しく見ていきます。

Aは以下の2つのセンテンスを聞いているクライアントに全く関係の無い2つのセンテンスを聞いている印象を与えます。

「あなたは椅子に座っている」「体の力が抜けるのを感じ始めます」

一方Bは**前半の部分がペーシングとなり、後半の部分がリーディングの構造になっているのです**。もう一度、以下Bをお読みください。

「あなたは椅子に座っていて、そして体の力が抜けるのを感じ始めます」

「あなたは椅子に座っていて、」の部分は、クライアントが置かれている**現在の状況を描写**していますね。先ほどお伝えしたように、現在の状況は否定しようのないことで、心の中でハイ（イエス）と言わざるを得ません。結果として自然にスーッとその言葉が入ってくることになります。

このように、話がスムーズに受け入れられる流れを先に作ってから（ペーシング）、その流れを継続する意味の接続詞（「～していて、そして」）を使って2つめのセンテンス

（変化を促す部分）をつなげると、２つめのセンテンスは流れに乗って受け入れやすくなるのです。したがって、前半の言葉を受け入れた上で、「〜していて、そして」と接続詞が入ることによって、流れが分断されることなく、「体の力が抜けるのを感じ始めます」が、引き続きスーッと受け入れられやすくなるのです。

この場合「体の力が抜ける」のは変化です。いきなり、催眠療法家に「体の力が抜ける」と言われてもポカンとするだけです。しかし、試してみればわかりますが「あなたは椅子に座っていて、そして体の力が抜けるのを感じ始めます」と言われると、自然とその言葉を受け入れ、いくぶんかリラックスしていくのです。

２０４頁では主人公の杏里が「飲料売り場の売り上げアップのための方法を考えてもらえますか？」と指示を出しています。このようにいきなり言われると唐突な感じがするでしょう。言われた部下は押しつけられたような印象があり、違和感を残しながら仕事をすることになるかもしれません。そこで、２０５頁のように「今日も丁寧に掃除してますね（イエスセット）」「掃除が終わって必要な用事が済んだら、飲料売り場の売り上げアップのための方法を考えてもらえますか？」とすると、部下はスムーズに杏里の指示を受け入れやすくなります。この場合もイエスセットでスムーズに話を受け入れる流れを作ってから、「新しい仕事」を提案している（リーディング）のです。

## ミルトンモデル連結語

**→ミルトンモデル連結語のポイントはA and Bの構造になること**

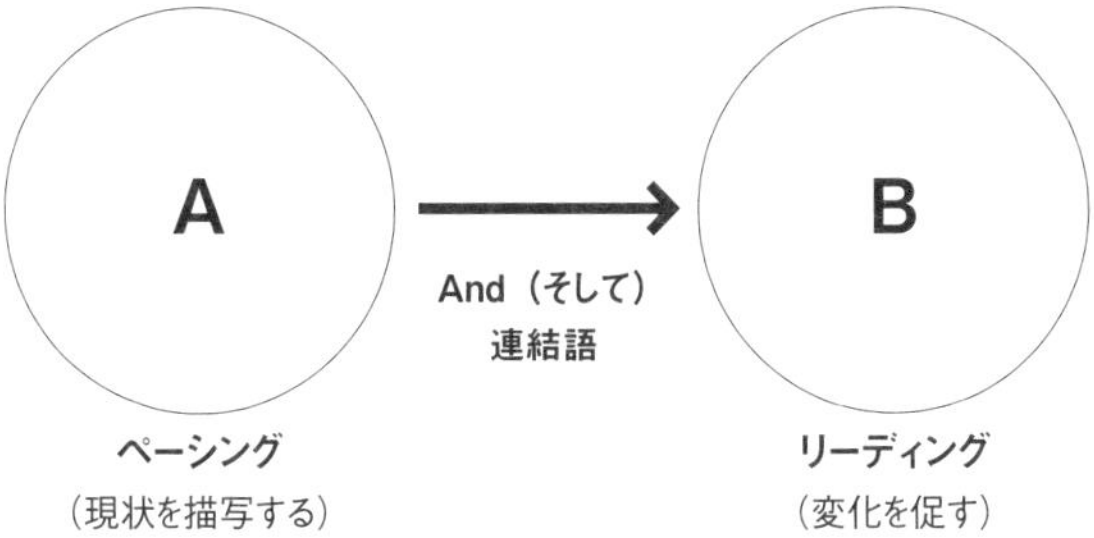
A
B
And（そして）
連結語
ペーシング
（現状を描写する）
リーディング
（変化を促す）

**注意！** **いきなり変化を促さない。ますは現状を描写して話を受け入れてもらうための流れを作る。連結語は「And（そして）」以外にも、下記のようなものがある。**

### ●代表的な連結語のパターン

**①接続詞を使って無関係な現象をつなげる「そして」「～したら」**

「あなたは座っている椅子の背もたれの感触を感じていて、**そして**、体の力が抜けるのを感じ始めます」

**②時間の流れを使い、現象をつなげる。**
**[～しながら、～している時、それから]**

「私の声を聴き**ながら**、肩から力が抜けてリラックスするのを感じることができます」

**③因果関係を使う。要因と結果を伝える［～によって、～だから］**

「呼吸に意識を向けること**によって**、少しずつ冷静さを取り戻すことができます」

# 06 裏メッセージと承認

## ⇩ 裏メッセージが無意識レベルに大きな影響を与える

部下の能力が発揮できる関係を作る際には１１８頁で触れたペーシング以外に「承認（スポンサーシップ）」が必要です。

例えば部下に対して「もっと頑張れ」と言う場合、部下に対して「ダメなやつ（能力が無い）だから、能力を身につけさせよう」と「能力はある、だからうまく発揮できるようにしてあげよう」と、どちらの動機から発するかによって、同じ言葉でもまったく伝わり方が違ってきます。前者の場合は、部下の無意識に「できない人」という裏メッセージが届きます。「部下は能力がない」という前提から発したメッセージだからです。この場合、部下は否定されている（受け入れられていない）とどことなく感じるかもしれません。

いっぽう、後者の場合は、「能力がある」という前提があり、それが裏メッセージとなります。そして、部下は「自分は受け入れられている」と安心感を感じることになります。

無意識は極めて優秀で、上司の内面にある動機すら肌で感じる力があるのです。

## ⇩ 承認は究極の安全安心を提供する

上司の側に「部下は能力がある」という前提がある場合、部下を承認していることになります。その場合、**仮に言葉（意識＝思考＝言葉）を発していなくても、その醸し出す雰囲気がどことなく伝わる**のです。「どことなく伝わる」というのは肌感覚（身体感覚＝無意識）で感じることを意味します。このように、言葉（＝意識）を介さない場合は、より直接的に無意識レベルで承認されていると感じるのです。

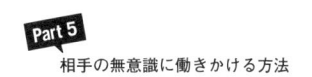

当然無意識レベルにメッセージを届ける方が部下をパワフルに変化させます。同時に安心感があってトランス状態に近づくため、上司に過度に気を遣うなど自分を守るためにエネルギーを使うのではなく、目の前の仕事に集中できるようになります。これが能力の発揮です。このように承認は安全をもたらしトランス状態に近づけるのです。あなたも、自分の良き理解者の前では素直になり、抵抗なく言葉を受け取り集中的に仕事に取り組めるのではないでしょうか。

この2つの前提の奥には「人と関わる姿勢（立場）」の違いがあります。この場合は「部下に能力がある」と捉えるか、「能力が無い」と捉えるかの違いです。「人と関わる姿勢（立場）」は人間の内面にありますが、それが醸し出す雰囲気は何かを言葉で伝えたり、具体的に何かを手伝ったりする以前に相手に肌感覚（無意識レベル）で伝わっているのです。

ビジネスなどの人間関係では、本音とは裏腹なメッセージを伝えなければならないこともあるでしょう。あなたが重要な顧客なら、取引相手は、あなたに美辞麗句を並べるかもしれませんが、それとは裏腹に重苦しい雰囲気が感じられるかもしれません。この場合、その人が話す言葉（意識）がポジティブで、「人と関わる姿勢（立場）」、つまりその人が「内面で感じている本音の部分（無意識）」がネガティブだということになります。

逆に、上司に叱られた際などに、言葉は辛辣でも、そこに温かみが感じられたことはありませんか？　その場合は言葉はネガティブですが、本音は部下に対する思いやりがある姿勢で叱っているということになります。

**「承認（スポンサーシップ）」の本質的意味は「人間を受け入れる姿勢」を指します。**

この場合の「受け入れる」とは価値判断なし（善・悪の判断をしない）に相手と接することを指します。**これは究極の安全を提供することになります。**なぜなら、いかなる判断もなしに受け入れられるということは、ありのままの自分を全部丸ごと受け入れてもらっている状態だからです。このように、**最も良い部分から最も悪い部分まで含めて受け入れられた時、その人は一切守る必要がない状態（究極の安全）**なのです。

## トランス状態に導く２つの方法

図A
意識優位の状態

図B
トランス状態

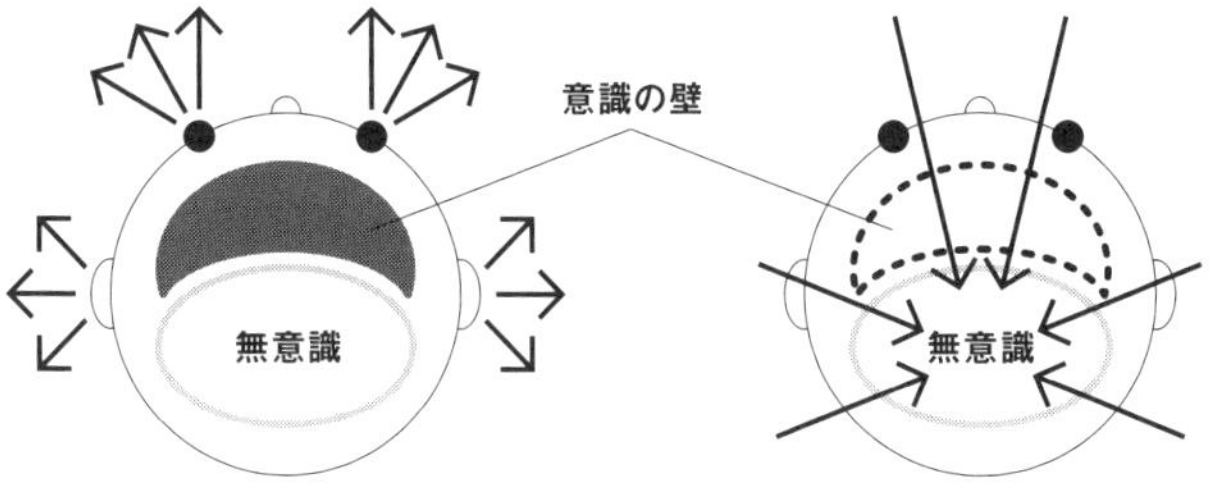


→極端な意識優位の状態では、外部に注意を向けて見るもの聞くものを警戒している（緊張状態）。意識の壁が無意識を守っている。

→トランス状態では意識の壁が緩み、外部の情報が直接無意識に届くようになる。リラックスして、誰かの言葉を素直に聞いている状態。

### ●トランス状態に導く２つの方法

**①ペーシング→ラポールの流れ**

ポイント：相手のペースを大切にする。相手が今置かれている状況などを尊重する。

**②承認（スポンサーシップ）による安全・安心の提供**

ポイント：価値判断することなしに（善悪の判断なしに）相手に接する。

# 無意識に直接メッセージを届ける（ミルトンモデル前提①）

07

## ⇩ 表のメッセージが意識されると裏メッセージが無意識に入る

２３４頁で「裏メッセージ」という言葉を紹介しました。部下に対して「能力が無い」「能力がある」どちらの印象を持って接するかによって、届く裏メッセージが違うのでしたね。

意識で捉えられた情報はなかなか無意識に届きません。なぜなら、意識は無意識を守る鎧《よろい》のようなものだからです。したがって、変化を促す場合は、基本的にはトランス誘導により、無意識優位（鎧を脱いだ）状態を作り出してからメッセージを届けるのです。

いっぽう、**裏メッセージを使うことは、意識という鎧をすり抜けて直接無意識にメッセージを届けることを意味します。**

私達は星を見るために夜空を眺めます。この時、当然私達の意識は星に集中しています。しかしながら実際に目に入っている情報の大半は夜空の星以外の部分、つまり暗い部分のはずです。この場合、意識的に星に集中すればするほど、大部分を占める暗い夜空の部分は忘れられてしまうのです。焦点化の原則（50頁）で紹介したように、意識はひとつのことに集中するのには向いていますが、複数以上のことは捕らえにくいからです。**「見ているけれども忘れている部分」、これが無意識に直接アクセスする部分で、コミュニケーションにおいては裏メッセージということになります。**

## ⇩裏メッセージを活用して変化を作り出す

ここでは、裏メッセージを会話の中にちりばめて変化を作り出すパターンのひとつを紹介します。これは特定の言葉を使い、コミュニケーションをとる相手が気づかない「前提」を自然に受け入れてもらって変化を作り出す方法で、「ミルトンモデル前提」と呼ばれます。

例えば、勉強に関する好奇心を引き出したいと思っている先生がいたとします。

そこで、生徒に対して好奇心に関して以下の2とおりの問いかけをしたとします。

A「あなたは学ぶことに好奇心がありますか？」

B「あなたは学ぶことに深い好奇心がありますか？」

AとBの違いは「深い」という形容詞が入っているかどうかだけです。しかし、AとBでは全くコミュニケーションの意味が違ってきますし、どちらのセンテンスを聞くかによって生徒の状態は大きく異なる場合があるのです。

Aに関しては、好奇心があるかどうかを聞いています。

ですから、答え方は、好奇心が「ある（イエス）」か、「ない（ノー）」となります。

一方Bはどうでしょう？　もう一度見てください。

B「あなたは学ぶことに**深い**好奇心がありますか？」

Bは好奇心が「深い」かどうかが問われているのであり、好奇心があるかどうかが問われているのではないのです。結果的に好奇心があるという前提が気づくことなく無意識レベルで受け入れられることとなります。

つまりこの質問をされた生徒は、まず、「深い好奇心があるかどうか」を探しにいくことになるのです。

**なぜなら「深い好奇心があるか？」と聞かれたら、多くの場合、焦点は「深い？」に向かうからです。その場合、「どの好奇心が深いのか？」と考え始めることになります。**

つまり、この問いかけをされた生徒は、過去の記憶の中から好奇心を伴った記憶をいくつか思い出し、それらの体験が「深い好奇心」であるかどうかを吟味しはじめることになるのです。

「深い」という形容詞に焦点が当たった場合、「自分の中にある好奇心は**深いのか？**」と集中して考え始めた段階で、そもそも「好奇心があるかないか」という疑問を持つことはないのです。好奇心があることが前提条件となって、その前提条件そのものは疑うことなく「深いかどうか」を吟味していくのです。

星に集中することによって、暗闇を見ているのを忘れてしまう（無意識化される）ように、「深いのか？」という問いに集中することによって、好奇心自体はあって当然だと、一切疑うこともなく受け入れてしまう（無意識化される）ようになるということです。

### ⇩どう答えてもガイドの意図どおりになる

さて、Bの場合、生徒がハイ（イエス）と答えてもイイエ（ノー）と答えても好奇心があるということを認めることになります。このように、**いかなる答えでも同じ状態が実現することをダブルバインド（二重拘束）と言います**※。

また、Bのセンテンスを聞くことにより、生徒は知らず知らずのうちに（気づくことな

※この本で扱うダブルバインドは、エリクソンが使った、クライアントの肯定的変化を作り出す「治療的ダブルバインド」を意味します。

く＝無意識的に）勉強に関しての好奇心につながるため（思い出すため）、それが強化されることになるのです。これも前向きな変化を作り出していることになります。

## ⇩焦点を当てた記憶の影響で状態は変化する

臨場感たっぷりにレモンを食べた時の体験を思い出したら、口の中に唾液があふれてきます。脳は現実とイメージの区別がつけられないからです。このように、過去の記憶を鮮明に思い出す時、脳はそれが現実だと錯覚して身体反応を作り出すのです。

同様にBのセンテンスを聞き、過去の記憶の中にある「好奇心」を吟味すると、その記憶の影響を受けることになります。好奇心は前向きな感情なので、前向きな変化を作り出すことになるのです。Bのセンテンスの場合は、ダブルバインドとなりますので、先生と生徒との間にラポールがありその質問が受け入れられたら、どのように答えようが先生の意図どおりに生徒は前向きな気持ちになるということになります。

ただし、生徒が先生を嫌っていたら、そもそも生徒は先生の言葉を深く受け入れることはありません。ですから、ダブルバインドもラポールあってのものだとお考えください。

## ミルトンモデル前提のパターン

### ①時間従属「～の前に」「～の後に」「～時」「～しながら」

「掃除を終える前に話したいことがある」

→掃除を終えることが前提

### ②順序数「最初」「先」「次」「1番」「2番」

「体の右側と左側のどちらが先にリラックスするだろう」

→両方がリラックスする前提。質問はどちらが先か

### ③「副詞」と「形容詞」

「トランス状態を作るのに意欲的ですか？」

「深いトランスを体験していますか？」

★トランスに入っていることが前提。質問は、意欲的か、その状態が深いかそうでないか。

### ④「気づき」の叙法助動詞 「気がつく」「知っている」

「あなたは過去にトランス状態を経験しているって知っていますか？」

「あなたのひと言がどれだけ人に影響を与えているか気づいていますか？」

「あなたは気づいていますか？　周りの人に愛されていることに」

★「知っているかどうか？」「気づいているかどうか？」を聞いているので、その前後の文面が前提となる。

# 気づきを促す言葉使い

## (ミルトンモデル前提②)

## 08

### ⇩その質問で問われていることは何か

「ミルトンモデル前提」の使い方の理解を深めてもらうために、もうひとつ「気づきの叙法助動詞」と呼ばれるパターンを紹介しておきます。

これも部下や生徒に自信を持ってもらうなど、肯定的な変化を作り出すのに役立ちます。

> A「あなたは、周りの人に愛されていますか?」
> B「あなたは気づいていますか、周りの人に愛されているということに」

この例文でもAで問われているのは愛されているか? 愛されていないか? だということがわかりますね。この問い方だと、例えばセルフイメージが低い人は「愛されていない」と答えてしまうのではないでしょうか。そして、やっぱり自分は愛される価値がないと信じていることを確認する機会となり、その信念を強化することにもなりかねません。

それに対してBはどうでしょう。Bに関しては、「愛されているかどうか?」を聞いているのではなく「(愛されていることに)気づいているかどうか?」を聞いているのです。

この場合も、ラポールがある関係で問いかけられると、内面にその答えを探しにいくことになります。この場合のハイ(イエス)は「気づいている」という意味になり、イイエ(ノー)は「気づいていない」という意味になりますね。仮にイイエ(ノー)の場合でも意識では気づいていませんが、実際には愛されているということを受け入れたことになるのです。やはりこの場合もハイ(イエス)と答えてもイイエ(ノー)と答えてもコミュニケーションを行う側の意図どおり相手が変化するコミュニケーションなのでダブルバインドということになります。

## ⇩「前提」は2つ重ねると強力に作用する

さらに、「気づきの叙法助動詞」のセンテンスを追加します。

C「あなたは気づいていますか、横顔も素敵だということに」

センテンスCでは、先ほどの事例と同じく、横顔が素敵だということが前提となります。

要するに、「気づいているかどうか」を問いかけているのであり、クライアントは無意識レベルでは「横顔も素敵」だというメッセージを受け取ることになります。

さらに、もう一度センテンスCをご覧ください。

実は、ここでは前提が2つ入っています。

「横顔**も**素敵」とありますが、これが仮に「横顔**が**素敵」となると意味合いが異なってくるのです。「横顔**が**素敵」は横顔が特に素敵という意味になりますね。「横顔**も**素敵」とすれば、**横顔だけでなくそれ以外も素敵**という意味になります。ここで「横顔**も**素敵」と聞けば、「それ以外にどこが素敵なんだろう？」と意識が向かっていくのではないでしょうか。

そもそも、ラポールがある場合、「気づいているかどうか？」に意識が向かうだけでも「横顔＝素敵」は入るでしょう。さらに、焦点が横顔以外の部分に向かったら、横顔が素敵だという前提に意識が向かない、つまりより深く無意識化されることになるのです。このように、二重に前提が入ることにより、より深く裏メッセージ化して確実に意識の検閲を通過することになるのです。

ちなみに「あなたは横顔が素敵だということに、気づいていますか？」とすることもできますが、私の経験上、ミルトンモデルの「気づきの叙法助動詞」を使う場合は、ラポールがあるなら、倒置形、つまり「あなたは気づいていますか」を先に持って来る方が効果が高いようです。先に、「あなたは気づいていますか」と言われた方が、そこに意識が向かう人が多いからです。239頁では、「深い」という形容詞を加えただけ、Cの例文では「が」と「は」の違い、また倒置形にするかどうかなど、ちょっとした言葉の使い方を変えるだけで無意識に伝わるメッセージは大きく異なるのです。

## 裏メッセージを使う時の注意点

最後に、無意識レベルに直接メッセージ（裏メッセージ）を伝える際の大切な注意点をお伝えいたします。まず、これら、「裏メッセージ」を使うコミュニケーションは、善意がなければ後々災いをもたらすものだとお考えください。無意識はコミュニケーションを取る相手の動機まで見通す力があるのです。したがって、それがあなたの欲望から相手を騙すような使い方をするような場合は、そもそも相手はトランス状態になりにくいのです。また、仮にその場では相手を欺《あざむ》けたとしても、多くの場合は後でその不誠実な態度が露見してしまいます。したがって、長期的には致命的に信頼関係を失うことになるのです。エリクソンは自分がこれら前提などのパターンを効果的に使えたのは、クライアントの無意識がその善意を汲み取ってくれた結果と語っています。これら裏メッセージはパワフルだからこそ、それを伝える側の人間性がいつでも問われていることを忘れないでください。

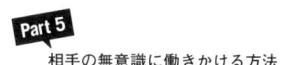

# 省略・歪曲《わいきょく》・一般化を使って変化を作り出す（逆メタモデル方式）

09

## 五感情報を頭の中で再現するとどうなるか？

何度もお伝えしたように、言葉によるコミュニケーションは省略・歪曲・一般化に満ちていますので、それを理解するには過去の体験（記憶）で補う必要があります。55頁のホテル宿泊の事例もそれを聞いた人達は、それぞれの体験で色づけながら聞いていたのでしたね。すると、その体験談を聞いた人達は心地良い気分になることが多かったのです。それは、私の話を理解するために、多くの人が快適で美しいホテルに宿泊した体験を頭の中で思い描くことになるからです。頭の中に、美しい夜景やクリスマスツリーのイメージを思い描いた結果、それに反応する身体感覚が喚起されたのです。脳は現実とイメージの区別をつけることができないので、心地良いイメージを描けば身体も心地良くなるのです。

55頁で、「セミナーの冒頭でホテル宿泊の体験談をする目的は2つある」とお伝えしました。そこでは、そのうちのひとつである「人間が言葉によるコミュニケーションを理解する仕組み」を解説しました。

もうひとつは、**人は誰かの話を深く受け取った時にその話を理解するのに必要な五感情報を頭の中で再現することになり、その結果、その五感情報に影響を受けた気分を味わうことになる**ということを理解してもらうためです。

## ⇩逆メタモデル方式とは

セミナーが始まったばかりの時、ほとんどの受講生は緊張しています。周りは知らない人ばかりだからです。過剰な意識優位の状態ではなかなか私の話も伝わりません。そこで、「ホテル宿泊の体験談」のようなリラックスした過去の体験を思い出すような話をし、リラックスした身体感覚を感じてもらうのです。これも有効なトランス誘導の方法です。

私達は小説を読みながら、泣いたり、高揚した気分を味わうことがあります。それは、小説に書かれている言葉を理解するために過去の記憶を思い出し、それらの五感情報などが「胸の痛み」や「爽快感」などの身体感覚的反応を作り出すためです。

これらの反応は省略・歪曲・一般化された表現を埋めるために思い出す記憶によって作り出されます。言い換えれば、**コミュニケーションを取る相手が前向きになるような記憶につながる会話をすれば、相手は前向きな気持ちを感じることになる**のです。

エリクソンはこの原理を利用してクライアントを癒していったのです。それをＮＬＰでは「逆メタモデル方式」と言います。エリクソンは、わざとクライアントが自分の記憶で補わないと理解できないような抽象的な会話（省略・歪曲《わいきょく》・一般化が多く含まれた会話）を投げかけ、クライアントの中にあるセラピーに必要な記憶を思い出させクライアントの状態を変化させていったのです。

では、「逆メタモデル方式」の事例をご紹介します。まずは以下をお読みください。

> あなたは今、あなたの人生で起こったある**ちょっとした問題**があり、**その解決**を望んでいるかもしれません。そして、この**問題を解決**するのに、あなたの中にあるどの**経験**が役に立つかは私にはわからないけれど、あなたの無意識があなたの**経験**を通して、その**役立つ経験**を探し出せるということを知っています。

これを、もしラポールが築かれている関係で聞かされたとすると、クライアントは太字で書いたあいまいな部分を、勝手に自分の過去の体験で補って理解していくことになるのでしたね。

もう一度以下のセンテンスをご覧ください。

あなたは今、あなたの人生で起こったある**ちょっとした問題**があり、その解決を望んでいるかもしれません。

ここまでのセンテンスを聞いたクライアントは一瞬「ちょっとした問題」という抽象的な言葉が空白となります。そして、脳は空白を嫌うため、これを聞いた人は自分の過去の体験で補ってそれ埋めることになります。したがって、常々考えている「ちょっとした問題」が思い当たることになるでしょう。また、「その解決を望んでいるかもしれません」の所で、そうだ（イエス）と感じ、イエスセットにより話者の言葉への信頼が増します。

なぜなら、誰でも基本的に問題を解決したいと常々思っているからです。

そして、**この問題**を解決するのに、あなたの中にある**どの経験**が役に立つかは私にはわからないけれど、あなたの無意識が**あなたの経験**を通して、その**役立つ経験**を探し出せるということを知っています。

次に、ここで「どの経験が役立つか」が空白となり、脳の自動検索システムが答えを探し始めることになります。そして、「あなたの無意識があなたの経験を通して、その役立つ経験を探し出せるということを知っています。」と言われて、この言葉が抵抗なく素直に入ってきた場合、それが暗示となり、実際に問題解決に役立つ経験が思い出されることになるのです。

「逆メタモデル方式」のポイントは、**問題解決などにつながるだろう枠組みだけ（フレーム）を伝えること**です。「枠組み（フレーム）だけを提供する」ことは、具体的なことを話すのではなく、わざとあいまいな言葉を使って、クライアントに自由に発想してもらうことになります。その枠組み（フレーム）は、その枠組み（フレーム）が作り出す空白を埋めた時に、問題解決のための効果的な経験につながるようなものを意味します。例えて言うと、額縁と絵のテーマだけ与えて、中の絵は相手に描かせるようなものです。Ｐａｒｔ１のホテル宿泊体験の話も聞き手が自分の過去の体験で自動的に（無意識的に）埋めていったように、額縁の中の絵は意識的に埋めるというよりは自動的に（無意識的に）埋められることになるのです。

　また、逆メタモデル方式の言葉が、クライアントの頭の中でリアルなイメージを膨らませるためには、十分なトランス状態が前提条件となります。

## メタモデルによる変化とミルトンモデルによる変化の違い

メタモデルの解説で、人間はネガティブなイメージの世界にはまり込むから苦しむと書きました。だからこそイメージを作り出す原因である省略・歪曲《わいきょく》・一般化を正すと無色透明（良い・悪いが無い）なありのままの体験に戻るので問題では無くなるのでしたね。逆にミルトンモデルは、あえて省略・歪曲・一般化を利用してポジティブなイメージの世界を作り出し、その中に入れることによって癒しや、豊かな状態を作りだすのです。

脳は現実とイメージの区別がつきません。したがってイメージには実体がないのですが、現実のように感じる反応を作り出すのです。逆メタモデル方式によって作り出される世界もまた、省略・歪曲・一般化が作り出すイメージの世界ですが、現実の出来事のようなリアリティーを感じることができるのです。ただ、この場合は、ポジティブなイメージが作り出すポジティブな反応がある世界です。

つまり、メタモデルはネガティブな夢（イメージ）から目覚めさせる手法で、ミルトンモデルの逆メタモデル方式などは、ポジティブな夢（イメージ）の世界に入れる手法だと考えることができます。イメージを取り除くことによる問題解決法と、イメージを利用した問題解決法があり、必ずしもイメージそのものが悪いわけではないのです。

【著者プロフィール】

## 山崎 啓支（やまさき　ひろし）

1970年兵庫県生まれ。経営コンサルタント会社を経て、2002年に能力開発トレーナーとして独立。その間20年近くにわたって心理学、脳機能研究等の科学的分野をはじめ、ヨーガ、密教といった伝統的な能力開発体系にいたるまで独自に研究。また、3000人以上の経営者やビジネスパーソンのカウンセリングを担当し、独自のシンプルかつ実践的な能力開発法を編み出す。現在はNLP（神経言語プログラミング）の資格認定コースとNLPを応用したコミュニケーション、リーダーシップ、目標管理、ストレスマネジメントなど多彩なテーマのセミナーを全国各地で行っている。現代人の抱えるさまざまな問題に独自の視点から鋭く切り込む氏のセミナーは普遍性が高くビジネス分野だけでなく教育、自己実現など分野を問わずクライアントが集まる。また、セミナー、講演、執筆した本はどれもシンプルかつ奥深く、高い評価を得ている。

著書に、『NLPの基本がわかる本』『NLPの実践手法がわかる本』『マンガでやさしくわかるNLP』（すべて日本能率協会マネジメントセンター）『願いがかなうNLP』『人生の秘密』（ともにサンマーク出版）『「人」や「チーム」を上手に動かすNLPコミュニケーション術』（明日香出版社）などがある。

・株式会社NLPラーニング代表取締役
　http://www.nlplearning.jp/
・社団法人日本能率協会　協力講師
・米国NLP協会認定トレーナー

編集協力／トレンド・プロ
シナリオ制作／星井博文
カバーイラスト・作画／サノマリナ

**マンガでやさしくわかる**
**NLPコミュニケーション**

2013年２月10日　　初版第１刷発行
2014年６月10日　　　第10刷発行

著　者 —— 山崎 啓支
© 2013 Hiroshi Yamasaki
発行者 —— 長谷川 隆
発行所 —— 日本能率協会マネジメントセンター
〒105－8520 東京都港区東新橋１－９－２ 汐留住友ビル24階
TEL 03（6253）8014（編集）／03（6253）8012（販売）
FAX 03（3572）3503（編集）／03（3572）3515（販売）
http://www.jmam.co.jp/

装丁／本文デザイン——ホリウチミホ（ニクスインク）
印刷所——シナノ書籍印刷株式会社
製本所——株式会社宮本製本所



ISBN 978－4－8207－1861－1 C0011
落丁・乱丁はおとりかえします。
PRINTED IN JAPAN